KB268281

트레이너가 알려주는

수능의 종말과 AI 미래 교육의 서점
크레데카
CREA DECA
황욱 지음
북스토리

AI 시대, 교육의 새로운 길을 묻다

피곤한 눈을 비비며 등굣길에 나선 신혁이. 전날 늦게까지 학원 숙제에 매달리느라 정작 학교 과제는 손도 대지 못했다. 신혁이는 주머니에서 스마트폰을 꺼내 챗GPT에 입력했다.

"도시 환경문제의 원인과 해결 방안을 500자 이내로 써줘."

단 몇 초 만에 답안이 뚝딱 완성된다. 오타 하나 없이 깔끔하고 논리적이다. 신혁이는 이를 복사해 과제 파일에 붙여 넣는다.

미술 시간에는 교과서 대신 노트북을 켜고, 생성형 AI인 미드저니로 수업 과제인 '미래의 도시'를 디자인한다. AI는 신혁이가 구상한 아이디어를 현실처럼 생생한 이미지로 구현해낸다. 점심시간에는 유튜브 알고리즘이 추천한 영상을 친구들과 함께 보며 이야기를 나눈다.

이처럼 AI는 학생들의 일상에 깊숙이 스며들어 삶의 방식뿐 아니라 지식을 '생각하고 배우는 방식' 자체를 재정의하고 있다. 이제 AI가 지식 전달자의 역할을 완전히 대체하며 교육의 주도권을 쥐고 있다고 해도 과언이 아니다.

그러나 교실은 어떠한가? 학생들의 호기심은 이미 교실 밖 미래를 향하고 있는데, 학교는 여전히 정답 중심의 수능 체제라는 과거의 평가 기준에 갇혀 있다.

정답을 외우는 아이와 정답을 만드는 AI

"수능이 끝나야 두 발 뻗고 잘 수 있어요." 고3 수험생을 둔 학부모의 이 하소연에는 우리 교육의 현실이 고스란히 담겨 있다. 학생들은 하루하루를 배우는 기쁨이 아니라 시험 준비의 무게 속에서 시간을 보낸다. 창의적인 활동이나 스스로 탐구하는 기회는 사라지고, 지식을 암기하고 빠르고 정확하게 정답을 찾아내는 연습만 반복된다. 교육이 아이의 삶을 풍요롭게 만드는 게 아니라 도리어 고통의 굴레가 되어버린 것이다.

하지만 AI 시대를 맞은 지금, AI는 인간보다 훨씬 빠르고 정확하게 수많은 정답을 찾아낸다. 실제로 서울대학교 교수가 제시한 입시 문제의 정답을 챗GPT는 단 3.5초 만에 정확히 내놓았다. 이제 정답을 외우는 능력이 인간의 가치를 결정하는 시대는 명백히 끝난 것이다.

그렇다면 우리는 학생들에게 무엇을 가르쳐야 하는가? 그것은 바로 '무엇이 정답인가?'가 아니라 **'어떤 질문을 던져야 하는가?'** 그리고 'AI가 내놓은 답을 어떻게 비판적으로 평가하고 인간적인 가치를 부여할 것인가?'이다. 수능은 이러한 질문하는 능력이나 비판적 통찰력, 협업 역량을 가르치지 못한다. 수능은 이미 AI의 압도적인 지식 처리 능력 앞에서 평가 도구로서의 권위를 상실해가고 있다.

배움의 공간에서 행정의 소용돌이로

"수업보다 민원 대응이 더 많아요." 어느 교사의 고백은 학교가 이미 학문과 배움의 공간을 넘어 행정과 민원의 소용돌이에 휘말려 있음을 잘 드러낸다. 교사는 학생의 창의력과 역량을 키우는 수업보다 평가 기준, 성적 관리, 학부모의 불만 대응에 더 많은 시간을 쏟는 것이 현실이다. 교사의 눈에는 학생의 무한한 가능성이 보이지만, 제도의 틀은 이를 담아내지 못하고 있다. 결국 학교는 배움의 공간이 아니라 시험과 성적의 관리자로 전락하고 말았다.

교육 패러다임 전환의 골든타임

수능이라는 낡은 시스템을 부여잡고 있는 한, 우리 학생들은 미래의 주도권을 잃고 AI의 조력자로만 전락할 위험에 놓이게 된다. 우리는 이제 교육의 목적을 바꿔야 한다. 단순한 지식 평가를 넘어 인간 고유의 핵심역량을 개발하고 측정하는 새로운 대안이 절실한 시점이다.

AI 시대에 학생들에게 진정 필요한 것은 무엇인가? 점수가 아닌 방식으로 아이의 성장을 증명할 방법은 없는가? 교실은 과거에 머물 것인가, 아니면 미래로 나아갈 것인가?

이 책에서 제시하는 CREDECA 미래 교육 체제는 수능을 종식하고 대한민국 교육의 본질을 완전히 재설계하는 청사진이다. CREDE-CA는 AI가 대체할 수 없는 인간 고유의 핵심역량을 정량적으로 평가하고, 이를 체계적으로 성장시키는 새로운 교육의 대안이다. 수능의 종식은 우리에게 위기가 아니다. 오히려 학생들이 성적의 굴레에서 벗어나 행복하게 웃으며 자신의 잠재력을 마음껏 펼칠 수 있는 절호의 기회이다.

이 책은 대한민국 교육의 미래와 우리 학생들의 진정한 성장을 위해 가장 현실적이면서도 혁신적인 대안을 제시하고자 한다.

:> 차례

2부 CREDECA의 구조
: 역량 중심 학습 생태계

3부　CREDECA 도서관
: 학교 혁신의 실험실

1　왜 도서관인가

2　도서관의 전환: 융합형 학습의 허브

3　AI·코딩·융합 프로젝트의 실제 사례

1부

CREDECA의 철학
: 왜 교육의 틀을 바꿔야 하는가

AI는 이제 인간의 기억과 계산 능력을 완전히 넘어섰다.
지식을 더 빨리, 더 정확히 검색하고 분석하는 존재가 등장한 시대에 인간에게 필요한 능력은 무엇일까? 그것은 바로 지식을 활용하는 능력이다. 하지만 우리 교육은 이 시대적 질문에 답하지 못하고 있다.
현재의 수능 중심 체제는 여전히 '정답을 맞히는 능력'을 평가한다. 그러나 AI는 이미 정답을 훨씬 잘 맞힌다. 그렇다면 인간 교육의 목적은 무엇이어야 하는가?
CREDECA는 바로 이 시대적 질문에 대한 응답이다. CREDECA는 인간 중심의 학습 철학을 복원하는 혁신적 대안이기 때문이다.

> *"AI가 지식을 기억하는 시대,*
> *인간은 그 지식의 의미를 해석해야 한다.*
> *그것이 CREDECA가 존재하는 이유다."*

지식 중심 교육의 한계와 수능 체제의 종식

학력과 점수의 굴레

대한민국의 교육을 논할 때 수능(대학수학능력시험)을 빼놓을 수 없다. 지난 30여 년간 수능은 대한민국의 교육을 좌지우지해왔다. 본래 수능은 대학 입학의 공정성을 확보하고 과거의 단순 암기식 '학력고사' 체제가 지닌 한계를 극복하고자 도입되었다.

그러나 아이러니하게도 수능은 시간이 흐르며 정답만을 골라내는 획일화된 암기 경쟁을 심화시키며 교육의 불균형과 고통의 근본 원인이 되었다. 단 한 번의 시험 결과가 대학 입학을 좌우하고, 나아가 사회적 지위와 경제적 기회로 직결되는 구조 때문이다. 학생들은 점수에 맞춰 진로를 선택하고, 교사는 시험 위주의 수업을 강요받으며, 부모는 아이의 재능보다 입시에 유리한 사교육 경쟁에 내몰렸다. 수능은 교실의 풍경을 결정하고 학생들의 하루를 지배하며 부모의 삶까지 흔드는 거대한 굴레가 되었다.

한국사회에서 학력은 교육적 성취를 나타내는 지표 이상이다. 그것은 한 사람의 인생을 좌우하는 결정적인 기준이자 사회적 신분의 척도가 되어왔다. 좋은 대학에 가야 안정된 직장을 얻고, 명문대를 졸업해야 사회적 신뢰와 기회를 보장받는다는 믿음은 부모 세대뿐 아니라 자녀들에게까지 확고한 진리로 자리 잡았다. 이러한 사회적 풍토 속에서 교육은 어느덧 본래의 목적을 잃고 학력 경쟁의 수단으로 변질되고 말았다. 결과적으로 학교는 학생들의 잠재력과 호기심을 키우는 배움의 터전이 아니라, 오직 입시 성적을 산출하고 관리하는 행정 기관으로 기능하는 실정에 이르렀다.

교사들은 학생을 가르치는 본분보다 내신과 수능 성적을 관리하는 임무에 매달리며 자신의 교육적 가치를 숫자로 평가받는 냉혹한 현실에 놓여 있다. 이와 같은 상황에서 배움의 즐거움이 생길 리 없다. 실제로 미술·음악·체육 같은 과목은 입시에 불필요하다는 이유로 배척되고, 토론·협업·창의적 문제해결 능력은 점수로 측정하기 어렵다는 이유로 교실 밖으로 밀려났다.

학생들은 자신만의 관심사나 재능을 탐색할 기회를 박탈당한 채 정해진 커리큘럼과 문제집 속에 갇혀 살아간다. 성적이 곧 존재 가치가 되어버린 현실 속에서 아이들은 꿈을 좇는 대신 점수에 맞춰 진로를 결정할 수밖에 없다. 결국, 한국 교육은 창의적

인재를 길러내는 장이 아니라, 서열화된 성적표만을 반복해서 찍어내는 공장으로 전락하고 말았다.

수능과 내신 점수에 갇힌 교실

한때 대한민국 교육은 전 세계적인 부러움의 대상이었다. 국제학업성취도평가(PISA)와 성인역량조사(PIAAC)에서 거둔 최상위권 성적, 그리고 치열한 경쟁 속에서 쌓아 올린 압도적인 학력 우위는 한국을 대표하는 상징이었다. '열심히 공부하면 반드시 보상받는다'는 믿음은 국가 발전의 강력한 동력이 되었고, 수많은 나라가 한국의 뜨거운 교육열을 놀라움과 존경의 시선으로 바라보았다.

그러나 오늘날 한국 교육의 현실은 어떤가? 교실에 AI와 최신 스마트 기기가 도입되었지만, 수업 내용은 여전히 정답을 암기하고 시험에 대비하는 방식으로 진행된다. 교사들 또한 '수능에 나오지도 않는데 이런 활동을 왜 하느냐?'는 학생과 학부모의 압박 속에서 창의적인 수업을 시도할 엄두도 내지 못한다. 이처럼 지금의 한국 교육은 여전히 수능과 내신이라는 견고한 점수 중심 구조에 갇혀 있다.

시험 성적은 학생들의 미래를 결정하는 절대적인 잣대이고, 넓고 깊은 사고를 장려하기보다는 정해진 시간 안에 실수 없이 정답을 골라내는 '문제 풀이 기술'만을 훈련시킨다. 이 시스템 아래에서 학생들은 지식 자체에 대한 호기심을 잃은 채 점수에만 매몰되며, 정작 미래를 위한 핵심역량인 창의적 문제 발견력, 비판적 사고력, 협업 능력 등은 뒷전으로 밀려난다. 학생들의 호기심과 상상력은 성적 관리에 희생되고, 교사와 학부모의 관심은 오직 성적표 숫자에만 집중된다. 결과적으로 학생들은 내일을 준비해야 할 소중한 시간을 점수 중심 시험 체제에 저당잡힌 채 허비하고 있는 것이다.

정책 실패의 교훈
: 방향 없는 개혁

방향성은 옳았으나, 수능의 벽에 좌절된 개혁들

앞선 논의에서 우리는 AI 시대에 지식 암기 중심의 수능 체제가 더 이상 유효하지 않음을 확인했다. 그러나 더욱 심각한 문제는 이러한 시대적 변화에도 불구하고 우리 교육정책이 여전히 '수능 체제 내에서의 땜질식 개편'이라는 낡은 틀에서 벗어나지 못하고 있다는 점이다. 근본적인 평가 구조를 혁신하기보다 표면적인 제도 수정에 그치다 보니, 변화의 동력이 번번이 상실되고 말았다.

대한민국 교육은 지난 수십 년 동안 수많은 개혁을 시도해왔다. 제7차 교육과정을 기점으로 하여 이후 도입된 자유학기제, 고교학점제, 디지털 교과서 등 이름만 들어도 혁신적으로 보이는 정책들이 연이어 등장했다. 그러나 현장의 교사와 학생, 학부모가 체감한 변화는 미미했다. 이는 정책의 방향이 수능이라는 근본적인 장벽을 정면으로 돌파하지 않고 우회했기 때문이다.

지난 교육정책의 역사는 수능의 본질인 지식 암기 평가 방식을 그대로 둔 채, 그 주변의 '꼬리'만 잘라내는 방식의 반복이었다. 내신 성적의 평가 방식 조정이나 수시·정시 비율 조정은 대학에 가는 경로만 바꿀 뿐 대학이 학생을 선발하는 평가 내용 자체를 바꾸지는 못했다. 심지어 일부 개혁정책이 AI 시대가 요구하는 역량 교육의 방향성을 담고 있었음에도 불구하고, 현장에서 성공하지 못했다. 그 이유는 명확하다. 바로 수능이라는 최종 관문의 압력을 이기지 못했기 때문이다.

제도는 넘쳐났으나 구조는 바뀌지 않았다

1. 창의성을 잃은 '자유학기제'

자유학기제는 학생들이 경쟁의 압박에서 잠시 벗어나 자신의 꿈과 끼, 즉 창의성(C)과 경험(E) 역량을 탐색하도록 설계되었다. 이는 CRE-DECA가 지향하는 핵심 가치와도 궤를 같이하는 것이었다.

자유학기제가 도입된 초기만 해도 이 제도가 학생들에게 진로 탐색과 창의적 활동의 기회를 제공하리라는 기대가 컸다. 그러나 실제 학교 현장에서는 체계적인 지원이 부족했고, 무엇보다 이러한 활동들이 수능 평가 시스템과 전혀 연동되지 않았다. 결국 자유학기제는 중학교 1학년 시절 잠시 '쉬어 가는' 시간일 뿐이었다. 교사들은 이를 부담스러운 체험 수업으로, 학생들은 '입시에 도움이 되지 않는 시간'으로 치부했다.

자유학기제는 의미 있는 성장의 기회가 아닌, 일회성 체험이나 쉬는 시간으로 전락하며 그 효능을 잃고 말았다. '자유'는 있었으나 '배움’은 없었고, ‘활동’은 있었으나 ‘성장’은 없는 시간.

“무엇을 왜 가르쳐야 하는지 모르겠다”는 교사들의 하소연은 그 자체로 교육의 붕괴를 알리는 신호탄이었다. 여기에 끝없이 이어지는 행정 업무와 보고 체계는 교사를 더욱 무기력하게 만들었다. 수업 준비는 뒷전으로 밀려난 채 문서 작업, 보고서 제출, 연수, 공문 처리, 상담일지 작성 등 방대한 기록 중심의 시스템이 교사의 일상을 잠식했다. 창의적인 수업을 고민하고 아이의 마음을 들여다볼 여유도 없이 교사는 점차 형식적인 관리자나 서류 작성자로 변해갔다.

무엇보다 심각한 것은 이러한 구조 속에서 교사들이 자존감을 잃어가고 있다는 사실이다. 과거에는 제자를 가르친다는 자부심으로 교단에 섰지만, 지금은 민원 하나에 커리어가 무너질 수 있다는 불안 속에 움츠러들고 있다. 수업을 아무리 열정적으로 진행해도 인정받기는 커녕 오히려 감정 소진만 남는 실정이다. 학생들을 위해 시작했지만, 이제는 나부터 버티는 게 전부라는 교사의 탄식은 대한민국 교육의 본질이 무너지고 있음을 증명한다. 교사가 바로 서지 못하면 학생 또한 지킬 수 없다. 진정한 교육 회복을 위해서는 무조건적인 희생을 강요하는 구조를 멈추고 교사의 전문성과 감정을 존중하는 문화가 선행되어야 한다.

더 늦기 전에, 진심으로 교육의 본질을 다시 이야기해야 한다. 교실이 무너진 근본적인 이유는 **평가가 변하지 않았기 때문**이다. 아무리 자유학기제나 활동 중심 수업을 도입한다고 해도 최종 관문이 점수 위주의 평가로 귀결되는 한 변화는 요원하다. 결국 교사와 학생 모두 모든 활동을 시험 대비용으로 소비할 뿐 배움의 본질을 경험하지 못하고 있다.

2. 경쟁으로 변질된 '고교학점제'

학생의 선택권을 존중하겠다는 명분으로 출발한 고교학점제는 학생들이 자신의 흥미와 적성에 따라 과목을 선택하고, 주도적으로 학습을 설계하도록 돕는 혁신적인 시도였다. 진로에 맞춰 과목을 자유롭게 선택하고, 교사는 전문성을 발휘하며, 학교는 자율성과 다양성을 품은 교육 공동체로 거듭나겠다는 기대는 분명 아름다웠다. 그러나 이 제도 역시 도입과 동시에 교실을 극심한 피로와 혼란 속으로 몰아넣었다.

실제 교육 현장에서는 교사 수 부족, 예산 한계, 교실 및 시설의 제약 등으로 인해 학생들은 '선택'이 아닌 '선택하는 척'을 해야 하는 상황에 놓였다. 원하는 과목이 개설되지 않거나 인원 미달로 폐강되기 일쑤였다. 학교는 불균형한 수요를 감당하지 못해 시간표 편성에 고통받았다. 학생들의 과목 선택권을 반영해야 했지만, 정작 학교에는 인력, 공간, 시간 등 기반 시설이 턱없이 부족했다. 결국 학교는 타협과 편법으로 운영을 이어갈 수밖에 없었고, 학생들에게 돌아온 것은 '어쩔 수 없는 선택'뿐이었다.

교사들이 떠안은 부담 또한 임계치를 넘어섰다. 교사 한 명이 여러 과목을 담당하게 되면서 충분히 숙지하지 못한 내용까지 급하게 학습해 가르쳐야 하는 상황이 벌어지면서 수업의 질을 유지하기는 더욱 어려웠다. 여기에 수강 신청 관리와 성취도 평가, 성적 산출 등 행정 업무가 폭발적으로 증가하면서 정작 수업 연구와 학생 상담에 쏟을 시간은 급격히 줄어들었다. 절대평가 방식 또한 내신의 신뢰도를 오히려 떨어뜨렸으며, 교사 간 역량 차이와 수업 편차는 학생과 학부모에게 불만과 극심한 혼란만 안겨주었다.

더욱 근본적인 문제는 고교학점제가 여전히 수능이라는 획일적인 평가 체제와 충돌하고 있다는 점이다. 학생들에게 자유로운 선택을 장려했지만, 실제로는 대학 입시에 유리한 수능 위주 과목으로 선택이 제한될 수밖에 없었다. 이는 진정한 선택이 아니라 불안에 떠밀린 선택이며, 학생 중심 교육이 아니라 입시 중심 교육의 모순된 연장선에 불과하다. 학생들은 자신의 잠재력을 탐색하기보다 입시 유불리에 따라 과목을 선택했고, 이는 또 다른 종류의 경쟁과 쏠림 현상을 낳았다.

그럼에도 교육 당국은 실질적인 대책을 내놓지 못하고 있다. 시간표 편성의 난항, 교사 배치의 비현실성, 고3 수업의 자습화 현상까지 모든 부작용을 오직 학교와 교사 개인의 노력으로 감당하라는 구조적 방치만이 계속되고 있다.

이제는 인정해야 한다. 고교학점제는 명백히 실패했다. '학생 중심'이라는 명분 아래 교실 공동체는 해체되었고, '선택'이라는 이름으로 학생들은 더 큰 혼란과 외로움에 빠졌다. 아무리 훌륭한 교육철학을 담은 정책이라도, 수능이라는 최종 평가 시스템이 바뀌지 않는 한 모든 혁신은 입시 관성의 블랙홀에 빨려 들어가 좌절될 수밖에 없다.

이대로는 미래 교육이 아니라 교사와 학생 모두를 소진시키는 무책임한 행정 실험에 불과하다. 정말로 학생의 성장을 중심에 두고자 한다면 수능 중심 체제를 폐지하고, 학교와 교사의 현실을 반영한 유연하고 단계적인 교육 체제 전환이 그 어느 때보다 시급하다.

3. 디지털 교과서, SW·AI코딩 교육

교육부는 '디지털 전환'을 미래 교육의 핵심 전략으로 내세우며, SW·AI 코딩 교육과 디지털 교과서 도입을 연이어 밀어붙였다. "4차 산업혁명

시대의 인재를 키워야 한다"는 명분 아래, 학교는 하루아침에 미래 교육의 거대한 실험실이 되었다. 겉으로 보기에 이 모든 변화는 혁신처럼 보였다. 첨단 기술을 활용해 수업을 혁신하겠다는 구상 자체는 긍정적이며 인프라 조성이라는 측면에서 필수적인 과정이었을지 모른다. 그러나 문제는 이러한 변화들이 교육의 본질에 대한 깊이 있는 고민 없이, 위로부터 일방적으로 하달되었다는 점이다.

종이 교과서를 대체한다는 취지로 도입된 디지털 교과서는 수천억 원의 예산이 투입되었다. 하지만 실제 수업에서는 수시로 끊기는 인터넷, 기기 간의 호환성 문제, 느린 시스템 속도 때문에 오히려 수업의 흐름이 끊기기 일쑤였다. 교사는 플랫폼마다 제각각인 사용법을 익히느라 에너지를 소진했고, 학생들은 콘텐츠의 내용보다 오류 메시지를 더 자주 마주해야 했다. 결과적으로 교실은 과거보다 '디지털'해졌지만, 수업은 더 산만해졌고 배움의 본질은 더 희미해졌다. 기술은 작동되었지만, 교육은 작동되지 않은 것이다.

SW·AI 코딩 교육 역시 같은 패턴을 반복했다. 정책은 화려했고 시범학교와 모델 수업은 언론의 조명을 받았다. 하지만 정작 현장의 교사들은 어떤 역량을 길러야 하는지, 어떻게 평가해야 하는지, 무엇을 중심에 두고 수업을 구성해야 하는지에 대한 명확한 지침도 없이

홀로 길을 찾아야 했다. 짧은 연수로 생소한 기술을 익힌 뒤 곧바로 투입된 수업은 대부분 기능 중심, 따라 하기 중심으로 흘렀다.

"AI가 다 알아서 해주는데, 왜 우리가 이런 기능을 일일이 익혀야 해요?"라는 학생들의 질문은 오늘날 디지털 교육의 문제점을 그대로 드러낸다. 기술은 풍부하지만 학생들의 사고는 빈약해졌고, 플랫폼은 다양해졌지만 배움의 깊이는 얕아졌다. 학생들은 부족한 부분을 채우기 위해 또 다른 사교육 시장으로 내몰렸다.

디지털 교과서든 코딩 수업이든, 그 안에 아이의 삶과 감정, 그리고 비판적인 문제의식이 담기지 않는다면 그것은 교육이 아니라 기술 시연에 불과하다. 화려한 스마트 기기들이 교실을 채웠지만, 정작 교육의 주체인 교사와 학생은 방향을 잃어가고 있다.

AI 시대에 중요한 것은 속도보다 방향이다. 그동안 우리는 기술 도입의 속도에만 집착한 채 '무엇을 배우고 왜 배우는가'라는 근본적인 질문을 뒷전으로 밀어두었다. 그러다 보니 교실 환경과 기계는 최신식으로 바뀌었어도 그 안에서 이루어지는 수업 방식은 과거의 반복일 뿐이었다.

4. AI·SW·융합교육 활성화 정책: 본질을 벗어난 겉치레 예산 집행

AI 교육과 소프트웨어(SW) 교육, 그리고 융합교육(STEAM) 역시 '보여주기식 인테리어'로 끝나선 안 된다. 전국의 교육청은 매년 수백억 원의 예산을 투입하며 'AI 교육 선도 학교 운영', 'AI 중심 학교 확대', '디지털 격차 해소' 등의 화려한 목표를 제시하고 있다. 하지만 실제 예산 집행 내역을 들여다보면, 교육의 본질과는 거리가 먼 겉치레 사업으로 흐르는 경우가 허다하다.

실제로 다수의 시·도교육청 사업에서 예산의 절반 이상이 인테리어와 외형 개선에 사용되고 있으며, 일부 사업은 그것이 무려 70%에 달한다. 새 간판, 벽면 그래픽, 가구 교체 등 보여주기식 공간 조성에만 집중한 나머지 정작 학생들의 AI 활동과 프로젝트 수업, 협업 체계 구축을 위한 실질적인 장비와 콘텐츠는 턱없이 부족한 실정이다. 결과적으로 AI 교육이라는 이름은 내걸었지만, 학생 중심의 교육 혁신에는 거의 기여하지 못했다는 비판을 피하기 어렵다.

반면, 예산 집행의 우선순위를 교육의 본질에 둔 경남 하동중학교의 사례는 시사하는 바가 크다. 하동중은 인테리어 비용을 최소화하는 대신 'AI-CoSpace' 시스템을 도입하여 학생들이 스스로 사고하고 토론하며 협업하는 'AI 융합형 수업 공간'을 구현해냈다. 이 시스템은

AI 센서, 코딩, 창의적 설계, 피드백, 표현 활동을 하나로 통합한 올인원(All-in-One)형 학습 플랫폼이다.

하동중학교장은 "AI-CoSpace 시스템 덕분에 교실을 살아 있는 실험실로 바꾸었고, 아이들이 토론하고 함께 설계하며 배움의 주체로 성장하는 과정이 매일 이뤄지고 있다."고 그 변화를 전했다.

AI-CoSpace는 단순한 장비가 아니다. 이것은 고가의 시설 공사 없이도 표준화된 모듈형 시스템으로 지역 간 디지털 격차를 해소하고, 토론과 협업 중심의 수업을 가능케 하는 '미래 교육 플랫폼'이다. 하동중의 사례는 AI 교육의 핵심은 인테리어가 아니라 학생들의 사고, 협업, 창의의 과정 그 자체라는 메시지를 던진다.

결국 하동중학교가 보여준 성과는 각 교육청이 시설 중심의 예산 편성에서 벗어나 실질적인 학습 중심 구조로 전환해야 함을 보여주는 구체적인 증거이다. 진정한 미래 교육은 겉모습이 아니라 아이들의 머릿속과 손끝에서 일어나는 변화에서 시작되어야 한다.

우리 교육정책이 겪는 모든 문제의 근본 원인은 교실 경험이 없는 전문가들, 즉 교육학자와 행정가들에 의해 설계되어 제도와 현장의 괴리감이 극심하다는 데 있다. 교육학자는 화려한 이론을 설계할 수 있을지 모르지만, 매일 학생들을 마주하고 이들의 성장을 이끄는 주체는 오직 교사뿐이다. 그러나 우리 교육은 그동안 교실 경험이 없는 전문가들의 목소리에 지나치게 의존해왔고, 이로 인해 제도는 자주 바뀌었지만 정작 학생들의 삶과는 동떨어진 정책이 반복되었다. 교육은 책상 위에서 설계된 논리가 아니라 학생들의 삶과 정서를 바탕으로 이루어져야 한다.

이론적 정당성만으로는 불충분하다. 실제 학생들에게 맞지 않는 정책은 실패할 수밖에 없음을 우리는 무수히 보아왔다. 이는 제도 자체가 아니라, 그것을 이끄는 철학적 일관성이 없었다는 데 기인한다. 그 결과 교사들은 수업보다 과중한 행정 업무에 시달리고, 학생들은 입시 위주의 교육 속에서 창의성을 잃어갔다. 초등 저학년에 무리한 철학 토론 수업을 도입했던 사례처럼, 이론적 정당성만 강조된 개혁은 현장에서 실패로 끝날 수밖에 없다.

이처럼 우리 교육정책은 철학적 방향 없이 제도와 기술만 바꿔온 탓에 현장에 뿌리내리지 못했다. 현장과 눈높이가 맞지 않는 제도, 그리고 문제해결의 핵심인 평가 체제가 그대로인 정책은 수업만 바뀐다고 달라질 수 없다. 평가 체제가 변하지 않는 한 어떤 개혁도 시험 대비용으로 소모될 뿐이다. 자유학기제, 고교 학점제, 디지털 교과서 등은 모두 학생 중심 교육을 내세웠으나, 결국 시험 대비용 학습의 벽을 넘지 못했다. 자유학기제는 체험 중심 교육을 표방했으나, 평가 방식의 변화가 수반되지 않아 단발성 이벤트로 끝났다. 고교학점제는 학생에게 과목 선택의 자유를 주었으나, 대입 구조와 연계되지 않아 실질적인 자율성을 상실했다. 디지털 교과서는 기술적 진보를 보여주었으나, 여전히 지식 전달형 수업 방식에 머물렀다. 이 세 정책이 우리에게 남긴 교훈은 명확하다. 철학 없는 혁신, 평가 시스템의 혁명적 변화가 없는 제도 개선은 결코 지속될 수 없다는 사실이다.

대한민국 교육의 방향

그렇다면 이제 우리는 무엇을 해야 하는가? 가장 먼저, 지난 정책들의 실패를 직시하고 교육철학을 회복해야 한다. 그래도 시도했으니 의미 있다는 식의 자기위안을 버리고, 수능 체제의 안정화라는 환상에서 벗어나 '미래 인재상(CREDECA)'이라는 명확한 비전을 향해 나아가야 한다.

그동안의 디지털 중심 교육은 확고한 교육철학 없이 유행처럼 시도된 기술 시연에 불과했다. 철학이 부재한 개혁은 교사에게는 피로를, 학생에게는 삶과 생각의 성장은커녕 극심한 혼란을, 학부모에게는 끝없는 불안만을 안겼다. 수능에 나오지 않는다는 이유로 창의적 수업이 외면받는 현실은 철학의 부재가 교육 현장을 얼마나 왜곡하는지를 극명하게 보여준다.

교육은 기술이나 점수 관리가 아니다. 교육은 아이의 삶을 변화시키고 사고를 확장하는 일이어야 한다. 그러나 지금의 제도는 학생들을 삶의 주인공으로 세우기는커녕 제도의 실험대 위에 올려놓았다. 정책은 있었지만 그 이면을 지탱할 교육철학이 부재했기에 그 모든 시도는 실패로 귀결되었다.

둘째, 교육의 방향을 근본적으로 재설정해야 한다. 기술은 목적이 아닌 명확한 수단이다. AI, SW, 디지털 교과서 등 모든 첨단 기술은 목적이 아닌 성장을 위한 수단이어야 한다. 기술은 학생이 스스로 문제를 발견하고 의미를 찾으며 해답을 만들어가는 성장의 도구여야 한다. 학생의 질문에서 출발하지 않는 수업은 아무리 첨단이라 해도 진정한 의미의 교육이라 할 수 없다.

지금 우리에게 필요한 것은 더 빠른 디지털이 아니라 '더 깊은 성찰'이다. 더 많은 기기가 아니라 더 많은 '왜'를 묻는 수업이 이루어져야 한다. 기술은 언제든 새로워질 수 있지만, 아이의 마음이 자라는 시기는 정해져 있다. 우리는 지금 기술을 가르치느라 학생의 감정을 놓치고, 플랫폼을 익히느라 교사의 철학을 잊고 있는 것은 아닌지 자문해야 한다.

셋째, 수능 체제의 한계는 비단 한국만의 고민이 아니다. 이미 국제사회의 주요 교육기구와 선진국들은 지식 기반 평가에서 역량 기반 평가로 대대적인 전환을 단행하고 있다.

: OECD와 유네스코의 선언 OECD는 PISA(국제학업성취도평가)를 통해 문제해결 능력, 협업 역량, 비판적 사고력을 측정하는 방향을 강화하고 있다. 이는 글로벌 표준이 이미 역량 교육으로 이동했음을 시사한다.

: 미국의 대입 전환 아이비리그를 포함한 미국의 명문 대학들은 SAT 점수 이상의 가치를 에세이, 포트폴리오, 추천서에서 찾는다. 이들은 학생의 창의성(Creativity), 윤리 의식(Ethics), 도전 정신(Grit)을 종합적으로 평가하며 대학이 원하는 인재가 '지식 축적가'가 아닌 '문제해결자'임을 명시하고 있다.

: 핀란드와 싱가포르의 혁신 이들 국가들은 협력 프로젝트와 탐구 기반 학습을 통해 학생들이 미래 사회가 요구하는 핵심역량을 체화하도록 커리큘럼을 완전히 재구성했다.

우리 교육이 글로벌 스탠더드를 따르지 않고 수능이라는 낡은 틀에 계속 갇혀 있다면, 우리 학생들은 국제 경쟁력을 상실하고 미래 사회의 주도권을 빼앗기게 될 것이다.

수능의 종식은 거스를 수 없는 시대적 요구이며, 글로벌 교육 흐름에 합류하기 위한 필수 과정이다. 이는 곧 CREDECA 기반의 전면적인 교육 혁신만이 유일한 해답임을 역설적으로 증명한다.

수능 개편,
왜 답이 될 수 없나

변하지 않는 학벌 중심의 구조

교육부는 최근 2028학년도 수능 개편안을 발표했다. 선택 과목을 줄이고 문항 수를 조정하여 불평등을 해소하고 사교육 과열을 완화하겠다는 취지였다. 그러나 이는 겉모습만 바꾼 미봉책일뿐, 본질적으로 학력과 점수 중심의 구조는 조금도 바뀌지 않았다.

가장 심각한 문제는 현행 수능 구조가 AI 시대의 핵심인 수학과 과학 역량을 오히려 약화시키고 있다는 점이다. AI 기술이 심화 수학과 과학, 컴퓨팅 사고력을 바탕으로 발전하는 반면, 현행 수능 점수 체계는 학생들이 어렵고 복잡한 과목을 기피하도록 유도한다. 실제로 2026학년도 수능 기준 데이터를 보면 이러한 역행이 뚜렷하게 나타난다. 사회탐구 선택 비율은 전년 대비 51.8%에서 61.0%로 9.2%포인트 증가한 반면, 과학탐구 선택 비

| 2026학년도 수능 탐구영역 선택 비율 변화(2025년 9월 기준) |

구분 (영역)	전년도 선택 비율	2026학년도 선택 비율	증감 (P)	주요 해석
사회탐구	51.8%	61.0%	+9.2%p	선택 비율 증가
과학탐구	48.2%	39.0%	-9.2%p	선택 비율 감소

출처: 한국교육과정평가원이 2025년 9월 8일 발표한
'2026학년도 대학수학능력시험 원서 접수 현황' 분석 자료를 기반으로 재구성

율은 48.2%에서 39.0%로 같은 폭만큼 감소했다. 점수를 얻기 쉬운 과목으로 쏠리는 현상이 미래 산업을 지탱할 기초 학력의 붕괴를 초래하고 있는 것이다.

나아가 고교학점제 시행과 2028년 수능 개편안 발표 이후, 내신 불이익을 우려한 학생들이 학교를 떠나는 비극적인 상황이 벌어지고 있다. 수시를 포기하고 정시에 올인하기 위해 학교를 그만두는 '전략적 자퇴'가 급증한 것이다. 실제로 고등학생 학업 중단율은 2020년 1.1%에서 2024년 2.1%로, 5년 만에 두 배 가까이 치솟았다. 교실이 입시 전략의 도구로 전락하면서 공교육의 근간이 흔들리고 있는 것이다.

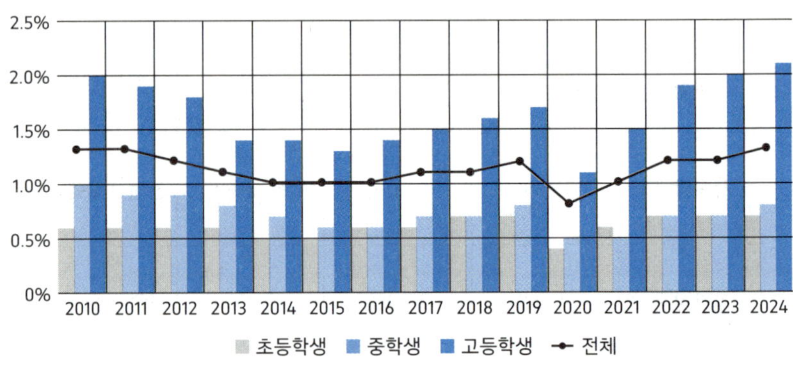

출처: 한국청소년정책연구원, 「청소년 통계-학업 중단율」, 2025.

AI 시대 시대착오적 발상

AI 시대에 정답을 빠르게 찾는 능력은 더 이상 인간의 경쟁력이 될 수 없다. 이미 거대언어모델은 고난도의 수학 문제를 단계별로 풀어내고, 수천 쪽에 달하는 보고서를 순식간에 요약한다. 지식 암기와 연산, 정답 산출에서 AI가 인간을 압도하는 시대에 여전히 학생들에게 정답 맞히기 훈련을 강요하는 것은 명백히 시대착오적이다.

2028학년도 개편은 시험 구조의 변화일 뿐, 교육의 본질적 혁신은 아니다. 학력 중심 시험 제도의 틀 안에 머무는 한, 우리는 5년 뒤 또다시 새로운 개편안을 논의하며 제자리걸음을 하게 될 것이다. 그때도 학생들에게 왜 공부하느냐고 물으면 여전히 '수능 때문에'라는 대답이 돌아올 것이고, 호기심과 탐구심은 시험 범위 밖에서 설 자리를 잃게 될 것이다. 실제로 한 고등학교는 음악·미술·철학 수업을 개설했지만, 학부모들의 거센 반대로 폐강되었다. '수능에 나오지 않는 과목은 시간 낭비'라는 이유에서였다. 결국 이 학교는 국·영·수 중심으로 시간표가 재편되었다.

수능은 평범한 대학 입시 시험이 아니다. 그것은 학생의 하루 일과를 통제하고, 부모의 시간과 경제력, 교사의 수업 방식을 규정하는 압도적인 지배 기준이다. 이 구조가 유지되는 한, 학생들은 정답 기계로 길러지고 AI 시대에 요구되는 창의적 역량은 결국 뒷전으로 밀려날 수밖에 없다.

수능이 낳은 세 가지 비극

수능은 오랫동안 '공정한 평가'라는 명분으로 견고하게 유지되어 왔다. 하지만 그 이면에는 심각한 문제들이 자리 잡고 있다. 수능 중심의 한국 교육은 시대적 낙후성을 넘어 학생들의 삶과 미래에 직접적인 상처를 남기고 있다. 그 결과는 크게 세 가지 비극으로 드러난다.

창의성과 호기심의 상실

어릴 때는 무엇이든 궁금해하고 질문을 멈추지 않던 아이들이 학교에 들어가면서 점점 정답 찾기에만 길들여지기 시작한다. 수업은 질문을 권장하기보다 침묵과 암기를 요구한다. 결국 학생들은 스스로 탐구하고 도전하는 태도를 잃고, 무한한 창의성은 시험 문제라는 좁은 틀 속에 갇혀버린다.

불평등의 고착화

입시 경쟁은 부모의 경제력과 직결된다. '개천에서 용 나는' 일은 이제 더 이상 현실에서 일어날 수 없다. 사교육에 투자할 수 있는 가정의 학생은 앞서가고, 그렇지 못한 학생은 시작점부터 뒤처진다. 실제로 통계청 자료에 따르면, 2024년 사교육비 총액은 전년 대비 1.8조 원 증가한 29.2조 원으로 역대 최고치를 기록했다. 학생 1인당 월평균 사교육비는 47.4만 원에 달하며, 사교육 참여율

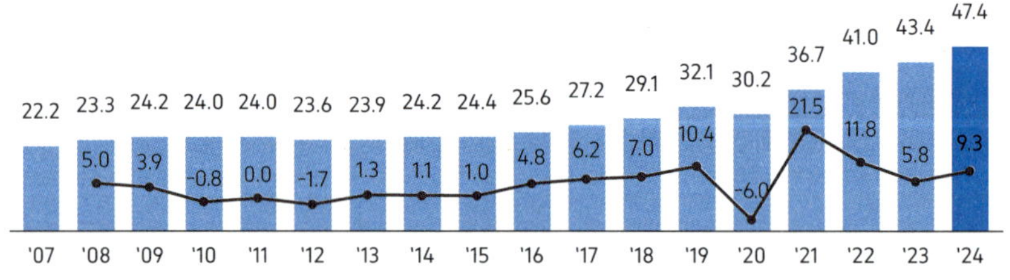

| 초·중·고 사교육비 현황 |

출처: 통계청, 「2024년 초·중·고 사교육비 조사 결과」, 2025.9.13.
https://www.korea.kr/briefing/policyBriefingView.do?newsId
=156678713&utm_source=chatgpt.com

은 79.1%에 이른다. 노력보다 가정 배경이 성패를 좌우하는 구조 속에서 교육은 더 이상 공정한 사다리가 되지 못한다. 오히려 불평등을 대물림하고 고착화하는 도구로 전락했다.

삶과 단절된 지식

학교에서 배우는 지식은 아이들의 삶과 단절되어 있다. 학생들은 "이걸 배워서 어디에 쓰나요?"라고 묻지만, 돌아오는 대답은 "시험에 나온다"는 것뿐이다. 배움이 삶과 이어지지 못하니 학습은 흥미를 잃고 입시 경쟁에서 살아남기 위한 고통스러운 생존 전략이 된다. 그 결과는 비극적인 수치로 나타난다. PISA 2022 조사에서 한국의 15세 학생들 중 '삶에 만족한다'는 응답은 26.1%*에 불과했다. 이는 OECD 평균보다 무려 7.7%포인트나 낮은 수치이다. 각종 국제기구의 분석에서도 한국 청소년의 주관적 안녕감은 최하위권을 맴돌고 있다. 점수 중심의 경쟁이 우리 아이들의 정서적 웰빙과 삶의 의미를 갉아먹고 있는 것이다.

---

* OECD PISA 2022 국가노트(Korea Country Notes) "In 2022, 22% of students in Korea reported that they were not satisfied with their lives ⋯ (rated between 0-4 on a scale 0-10)". OECD "아동분야 주요통계 2024" 보고서에서 OECD '아동 삶의 만족도' 통계 포함됨. OECD, PISA 2022 Country Note – Korea, 2023.12.05. 발표

수능은 오랫동안 한국 교육을 지배해왔다. 국가 표준 시험으로서의 장점에도 불구하고, 이제는 시대의 변화를 따라가지 못하는 낡은 틀이 되었다. 정답이 하나뿐인 문제, 암기와 속도 중심의 평가, 점수에 따른 서열화는 AI 시대가 요구하는 역량을 길러내기에 턱없이 부족하다. 그간의 수많은 시도—고교학점제, 수행평가 확대, 디지털 수업 혁신 등—가 실질적인 변화를 만들어내지 못한 핵심 이유는 결국 평가 체계를 바꾸지 못했기 때문이다. 평가가 여전히 정답과 속도를 요구하는 한 어떤 혁신적 시도도 시험 대비로 환원될 뿐이다.

평가가 교육을 설계한다는 명제하에 우리는 다음의 세 가지 고질적 문제를 직시하고 교육을 새롭게 설계해야 한다.

첫째, 획일적 평가 구조가 학생들을 단일 잣대로 줄 세운다. 점수 몇 점 차이로 등급이 갈리고, 그 등급이 진로와 미래를 결정짓는다. 이 과정에서 특정 분야에 뛰어난 재능이 있어도 시험 범위를 벗어나면 그 가치가 인정되지 않는다. 결국 학생들은 창의적 도전보다 안전한 암기에 몰두하게 되고, 학습을 경쟁에서 살아남기 위한 방어 행위로 인식하게 된다.

둘째, 실무와의 단절이 심각하다. 학교에서 배우는 많은 지식이 실제 사회나 직업 현장에서 쓰이지 않는 '죽은 지식'이 되고 있다. 예를 들어, 영어 시험에서 문법 문제를 완벽히 맞히는 학생도 실제 해외 파트너와의 화상 회의에서 의견을 제대로 조율하지 못하는 현실이 이를 증명한다. 산업 현장은 소통, 협업, 창의 설계 능력을 요구하지만 정답 찾기 위주의 교육은 이를 길러줄 여지가 거의 없다.

셋째, 다양성 말살로 인한 인재 손실이 크다. 음악, 디자인, 프로그래밍, 기계 제작, 사회봉사 등 각기 다른 강점을 가진 아이들이 시험 중심 체계 속에서는 '비주류'로 밀려나는 경우가 허다하다. 이들은 잠재적인 혁신 인재임에도 불구하고 낡은 평가 잣대에 가로막혀 빛을 보지 못한다. 이러한 구조가 유지되는 한, 학교는 더 이상 미래 사회를 준비시키는 공간이 될 수 없다. AI 시대에 필요한 것은 하나의 점수표가 아니라 개인의 역량을 다차원적으로 증명해낼 수 있는 새로운 평가와 교육 방식이다. 과거의 기준인 '학력'의 의미가 약화되었다는 사실은 이제 거부할 수 없는 현실이다. 중요한 것은 그 빈자리를 무엇으로 채울 것인가 하는 점이다.

수능은 이제 그 역할을 다했다. 수능의 종식(또는 근본적 개편)을 논하는 지금, 우리는 다음 질문에 정직하게 답해야 한다.

"점수가 아닌 방식으로 학생의 성장을 어떻게 증명할 것인가?"

"대학은 어떤 기준으로 미래 인재를 선발할 것인가?"

"학교는 무엇을 가르쳐야 하는가?"

"학부모는 교육을 신뢰할 수 있는가?"

CREDECA의 해법 – 수능의 종식, 역량 생태계의 시작

수능의 종식은 단순히 시험 하나가 사라지는 게 아니다. 수십 년 간 한국사회를 지배해온 점수 중심 교육의 종식을 의미한다. 그 빈자리는 이제 역량 중심의 새로운 교육 생태계가 채워야 한다.

CREDECA는 '측정–기록–분석–활용'이라는 표준 프로세스를 통해 학생들이 AI와 함께 정답을 '찾는' 사람이 아니라 정답을 '만드는' 사람으로 성장하도록 길을 연다. CREDECA의 해법은 교육의 전 과정을 하나의 유기적인 생태계로 묶는 데 있다.

ꞏ 무엇을 가르칠 것인가(학교)

AI 시대의 핵심역량—프레이밍, 데이터 인사이트, 협업, 창의적 종합, 윤리 판단—을 중점에 둔다. 학생들은 실생활에서 일어나는 문제를 해결하는 프로젝트 기반 수업을 통해 이 역량들을 체득한다.

ꞏ 어떻게 평가할 것인가(평가)

교사는 초등학교 1학년부터 고등학교 3학년까지 전 과정에 걸쳐 학생의 역할과 변화를 루브릭*으로 기록한다. 산출물, 실험 로그, 피드백, 개선 이력이 축적된 포트폴리오는 AI가 분석하여 성장

---

* 루브릭(Rubric)이란, 학생의 학습 결과물이나 성취 정도를 평가하기 위해 미리 정해놓은 '평가 척도' 또는 '기준표'를 의미한다. 점수뿐 아니라 어떤 수준에 도달했는지를 구체적인 단계별 기술문으로 보여주어 평가의 객관성을 높이고 학생에게는 보완할 내용과 방향을 제시해준다.

곡선과 강점 프로필로 시각화한다. 신뢰성을 높이기 위해 표본 감사, 동료 평가, 익명 외부 심사 시스템을 도입하여 과대 포장이나 조작을 방지한다.

▶ 무엇으로 선발할 것인가(대학)

대학은 학과별로 요구하는 역량 가중치를 사전에 공표한다. 예를 들어, AI학과는 데이터 해석력을, 디자인학과는 서사 구성 능력을 중시하는 식이다. 면접은 AI·교수·교사가 합동으로 진행하며 학생이 실시간으로 문제를 재정의하고 해결안을 시연하는 라이브 형식을 취한다.

▶ 무엇을 신뢰할 것인가(학부모)

매년 제공되는 역량 리포트(성장 지표·대표 산출물·다면 피드백·다음 단계 권장 활동)는 단 한 번의 시험이 아닌 12년간에 걸친 성장 궤적을 투명하게 보여준다. 이를 통해 학부모는 아이의 고유한 재능과 성장을 객관적으로 신뢰하게 된다.

이렇게 하면 위 질문이 서로 맞물려 하나의 답을 이룬다. 학교는 실전 역량을 가르치고, 평가는 증거와 과정을 보며, 대학은 미리 공표한 역량 기준으로 선발하고, 학부모는 장기 데이터와 객관화된 분석 자료를 통해 교육을 신뢰할 수 있다. 요점은 단순하다. 답 없는 변화는 혼란이지만, 평가의 철학을 바꾸면 수업과 입시는 저절로 정렬된다.

교육은 아이의 삶을 만지는 일이다. 그 삶은 이론으로는 설계할 수 없고 논문으로 다룰 수 없으며 통계 수치로 설명되지 않는다. 그 삶은 아이의 눈빛 속에 있고, 교실의 소음과 정적 사이에 있고, 하루하루 쌓이는 교사와의 관계 안에 있다.

정책은 책상 위가 아니라 교실 바닥에서 만들어져야 한다. 아이의 호흡과 교사의 땀과 학교의 현실에서 출발해야 한다. 학자가 제안한 이론은, 현장의 교육자들이 직접 실험하고 증명하며 다듬어나가야 한다. 교육은 살아있는 생명체와 같기에 교실에 서 본 사람만이 '지금의 교육'을 논할 자격이 있다. **아이와 눈을 맞춰보고, 수업을 망쳐보고, 아이의 침묵 앞에 무너져본 사람만이 어떻게 가르쳐야 하는지를 말할 수 있다.**

지난 20년간 정부는 수능 개편을 여러 차례 시도했다. 2005년 서술형 도입, 2015년 절대평가 확대, 2028년 융합형 수능까지 다양한 정책이 논의되었지만, 그때마다 공정성과 변별력 논쟁으로 좌초되었다. 그 이유는 평가의 '도구'만을 바꾸려 했을 뿐 평가의 '철학'은 바꾸지 못했기 때문이다. 지금 우리는 교육의 본질을 되묻는 시점에 서 있다.

"우리는 여전히 수능이라는 낡은 틀에 학생들을 가두어둘 것인가, 아니면 CREDECA와 같은 새로운 길을 열어줄 것인가?"

AI는 이미 인간보다 압도적으로 빠르게 계산하고, 인류가 쌓아온 방대한 지식을 실시간으로 축적하고 있다. 이러한 시대에 교육은 더 이상 '정답을 맞히는 능력'을 기준으로 삼을 수 없다. 대신 문제를 새롭게 정의하고, 데이터를 통찰력 있게 해석하고, 타인과 협력하며 윤리적으로 판단하는 힘을 기르는 데 역점을 두어야 한다. 이를 위해 제안하는 것이 CREDECA 기반의 새로운 대입 개편안이다.

CREDECA는 미래 사회가 요구하는 창의·융합형 인재를 양성하기 위해 대한민국 교육의 패러다임 자체를 근본적으로 혁신하고자 하는 교육 운동이자 통합 플랫폼이다.

CREDECA는 미래 교육을 향한 나침반이자 정교한 설계도로, 10대 핵심역량을 제안한다. 이 역량들은 현재의 수능 체제로는 절대 측정하지 못하는 영역인 동시에 미래 사회에서 생존하고 번영하기 위해 갖춰야 할 필수적인 자질이다.

2부

CREDECA의 구조
: 역량 중심 학습 생태계

대한민국 교육은 오랫동안 '수능 중심 경쟁'이라는 좁은 틀 안에 가두어왔다. 학생들은 점수를 얻기 위해 공부하고, 학교는 시험을 위한 훈련장으로 변질되었다. 이 과정에서 창의력은 억압되었고 불평등은 심화되었으며 배움과 삶은 단절되었다.

그러나 AI 시대는 이전과는 전혀 다른 차원의 능력을 요구한다. 암기 능력이 아니라 문제 재정의, 데이터 해석, 협업 실행, 윤리적 판단 등이 교육의 핵심이 된다. 그 새로운 교육의 길이 바로 CREDECA이다.

> *"CREDECA는 지식의 양보다 '활용과 창조의 질'을 우선시하는 미래형 교육철학으로, 인간의 잠재력과 다양성을 회복시키는 혁신적인 대안 모델이다."*

지식에서 역량으로, 학습 구조의 전환

CREDECA란?

지식 중심 교육은 오랫동안 우리 교육의 유일한 이정표였다. 그러나 하루가 다르게 급변하는 AI 시대는 '얼마나 많이 아는가' 보다 '어떻게 사고하고 적용하는가'를 요구한다. 지식은 시대를 반영하지만, 역량은 시대를 창조한다. 정보가 넘쳐나는 세상에서 지식의 축적은 더 이상 경쟁력이 될 수 없다.

AI 시대의 교육은, 문제를 스스로 정의하고 협력 속에서 해결책을 도출하는 과정이 되어야 한다. CREDECA(Creativity+Decathlon)는 바로 이러한 전환의 중심에 서 있다. CREDECA는 새로운 커리큘럼이 아니다. 학교를 다시 살아 숨 쉬는 배움의 생태계로 탈바꿈시키는 혁신적인 설계도이다.

CREDECA는 창의력과 그 영역을 지탱하는 '10대 핵심역량'을 결합한 교육 모델이다. 미국 세계창의력협회에서 개발된 이 모델은, 지난 30여 년간 전 세계 60여 개국에서 실증적으로 적용되며 그 효과를 검증받은 글로벌 교육 프레임워크이다.

CREDECA는 교육을 '가르치는 것(teaching)'에서 '학습을 설계하는 것(designing learning)'으로 재정의한다. 교사는 일방적인 지식의 전달자가 아닌, 학습의 설계자이자 촉진자이며, 학생은 수동적인 수용자가 아니라 스스로 학습 과정을 조정하고 이끌어가는 주체적 탐구자가 된다. 이러한 구조적 변화는 교육의 목적을 결과물 산출에서 지속적인 성장으로 전환시키는 핵심 원리가 된다.

CREDECA의 철학 - 삶으로의 교육

CREDECA는 존 듀이(John Dewey)의 경험주의 교육철학에 그 뿌리를 두고 있다. 존 듀이는 "교육은 삶을 위한 준비가 아니라, 삶 그 자체다"라고 했다. 즉, 배움은 교실 안이 아닌 현실 경험 속에서 일어난다는 뜻이다.

CREDECA는 이 철학을 현대적으로 계승하여 학습의 본질을 '경험의 순환'으로 정의한다. 설계(Design) → 실행(Execution) → 실패(Failure) → 성찰(Reflection) → 재설계(Re-design) 과정이 반복되며, 학생은 이 순환 과정을 거치며 지식을 습득하는 존재에서 문제를 해결하는 '창조적 실천가'로 성장한다.

또한 CREDECA는 평가의 패러다임을 바꾼다. 수능을 비롯한 기존의 평가가 결과에만 집착했다면, CREDECA는 '과정'과 '성장'에 집중한다. 수능이 얼마나 빨리 정답을 찾는가를 평가했다면, CREDECA는 학생이 어떤 과정을 거쳐 문제를 정의하고 해결하려 노력했는지를 살핀다. 이 모든 과정은 AI 기반의 정밀한 분석과 교사의 깊이 있는 질적 피드백이 결합되어 학습의 전 과정을 투명하게 기록하고 평가한다. 이러한 체계는 점수라는 획일적인 잣대를 넘어 개인의 잠재력과 발전 가능성을 드러내는 도구가 된다. 다시 말해, CREDECA는 평가를 선발의 수단에서 성장의 증거로 재정의한다.

CREDECA의 핵심 가치와 방향
-누구나 배우고, 삶에 쓰이고, 함께 미래로 가는 교육

CREDECA는 교육을 미래 사회를 주도할 창의·융합형 인재를 기르기 위해 누구에게나 공정한 출발선을 보장하고, 지속 가능한 성장의 기회를 설계하는 일로 본다. 이를 위해 CREDECA는 다음의 네 가지 가치를 교육의 기준으로 삼는다.

1) 공정성

CREDECA가 추구하는 공정성은 모두에게 똑같은 잣대를 들이대는 기계적 평등이 아니다. 아이마다 처한 환경과 조건을 고려해 성장의 가능성을 열어주는 것에 가깝다. 질문하는 데 익숙한 아이가 있고, 말보다 글로 표현하는 것이 편한 아이도 있다. 어떤 아이는 이미 많은 기회를 경험했지만, 반대로 이제 막 시작선에 서 있는 아이도 있다. CREDECA는 이러한 차이를 교육이 마땅히 품어야 할 현실로 받아들인다. 따라서 평가도 하나의 정답과 획일화된 평가 대신 다양한 표현 방식과 여러 성장 경로를 우선시한다. 공정한 교육은 '누가 남보다 앞섰느냐'가 아니라, '누가 자기 자리에서 얼마나 성실히 성장했느냐'를 묻는 일이기 때문이다.

2) 실천성

누구나 한 번쯤 '나는 수학에 관심도 없고 재미도 없는데 왜 복잡한 미적분을 배워야 하나?' 같은 의문을 갖거나, 시험 때문에 죽어라 외웠던 지식이 시험이 끝나는 순간 머릿속에서 증발해버리는 경험을 해봤을 것이다. 이는 배움과 삶이 단절되었을 때 나타나는 현상이다.

CREDECA는 이 지점에서 교육의 본질을 다시 묻는다. '이 배움은 내 삶에서 어디에 쓰일 수 있을까?' 이것이 CREDECA의 실천성 교육이다. 지식을 머릿속에 쌓아두는 데 그치지 않고, 지금의 선택과 행동으로 이어지게 만드는 힘을 의미한다. 예를 들어, 문제를 외면하지 않고 작게라도 행동해보는 태도, 배운 개념을 일상의 상황에 적용해보는 감각, 실패를 성장의 밑거름으로 바꾸는 회복 탄력성 등이 이에 해당한다. 이러한 경험이 쌓일수록 학습자는 '아는 사람'에서 '해보는 사람'이 된다. CREDECA는 교육이 삶에서 작동할 때 비로소 의미가 있다고 믿는다.

3) 미래 지향성

미래는 예측할 수 없지만, 준비는 할 수 있다. CREDECA가 말하는 미래 지향성은 특정 직업군이나 유행하는 기술을 미리 가르치는 것이 아니다. 그보다 중요한 것은 어떤 변화가 닥쳐도 유연하게 대응할 수 있는 사고의 근육을 기르는 일이다. 처음 마주하는 난제 앞에서도 당황하지 않는 힘, 기존의 방식이 통하지 않을 때 관점을 전환하는 태도, 새로운 환경에서도 배움을 이어갈 수 있는 유연함 등을 키우는 것이 교육이라고 본다. 그래서 CREDECA는 교육의 지향점을 '완성된 사람'이 아니라 '계속 성장하는 사람'으로 설정한다.

4) 포용성

CREDECA의 포용성 교육은 비교와 배제 대신 경청과 협력의 문화를 중시한다. 여기서 포용성은 '다름을 참아주는' 것이 아니다. 서로 다른 생각과 경험이 충돌하고 섞일 때 더 큰 배움이 일어난다는 확신이다. 누군가의 질문은 다른 사람의 생각을 넓히고, 서로 다른 관점은 문제를 더욱 입체적으로 보이게 한다. 학습자는 이 과정 속에서 공동체의 소중한 일원임을 느낀다. 이는 미래 사회의 시민으로서 반드시 갖춰야 할 태도이기도 하다.

CREDECA는 교육을 특별한 사람만을 위한 전유물이 아니라, 누구나 접근하고 삶에 즉시 적용하며 함께 더 나은 내일을 만들어가는 도구로 정의한다. 공정하게 출발하도록 돕고, 실천으로 이어지는 배움을 설계하며, 미래를 향한 단단한 준비를 가능하게 하는 것, 이 모든 가치는 CREDECA가 우리 사회에 건네는 약속이다. 그리고 이 가치들은 교실 안에서뿐 아니라 우리 각자의 삶에서도 충분히 실천 가능한 기준이기도 하다.

"위대한 변화는 언제나 작은 교실에서 출발한다."

CREDECA의
10대 역량 구조

CREDECA 10대 역량

CREDECA는 학생의 전인적 성장을 목표로, 미래 사회가 요구하는 10대 핵심역량을 제시한다. 이 역량들은 지식의 축적은 물론 기술, 태도가 한데 어우러지는 통합적 성장을 지향하며 서로 긴밀하게 상호작용하며 발전한다. 이 핵심역량에는 창의력, 문제 발견 및 해결력, 협업 능력, 표현력, 융합 능력(STEAM), 논리적 사고력, 자기주도성, 디지털 리터러시, 소통 능력, 도전정신이 포함된다.

이 10대 역량은 각각 고립된 개념이 아니라 하나의 생태계로 작동한다. 즉, '창의력'은 '비판적 사고'와 결합할 때 실행력을 얻고, '공감'과 '협업'이 더해질 때 사회적 가치를 창출한다. CREDE-CA의 학습 구조는 이러한 상호작용적 역량 발현을 촉진한다.

| CREDECA 10대 핵심역량 |

핵심역량	정의	평가 포인트
창의력	기존의 틀과 한계를 넘어 새로운 아이디어와 해법을 창출하는 능력	아이디어의 참신성, 실행 가능성, 결과물의 독창성
문제 발견력 및 해결력	스스로 문제를 인식하고 원인을 분석해 해결 전략을 설계·실행하는 능력	문제 정의의 명확성, 해결 과정의 논리성, 실행 결과의 실효성
협업 능력	다양한 배경과 역할을 가진 사람들과 함께 공동 목표를 달성하는 능력	팀 내 기여도, 갈등 관리, 상호 피드백 품질
표현력	생각과 감정을 말·글·시각·기술 매체를 통해 명확하고 매력적으로 전달하는 능력	메시지의 명확성, 청중 반응, 매체 활용의 폭과 깊이
융합 능력 (STEAM)	과학·기술·공학·예술·수학의 지식을 통합적으로 적용하는 능력	분야 결합의 창의성, 해결책의 실행 가능성
논리적 사고력	사실과 의견을 구분하고, 근거를 토대로 논리를 전개하며 필요 시 관점을 전환하는 능력	주장과 근거의 일관성, 반론 수용 태도
자기주도성	스스로 목표를 설정하고 계획·실행·점검하는 자기 관리 능력	목표 달성률, 진행 과정의 기록성, 자기성찰 수준
디지털 리터러시	디지털 도구를 효과적으로 활용하고, 정보 검증·윤리·보안 의식을 갖춘 능력	기술 활용 폭, 정보 출처의 신뢰성 검증, 윤리 준수 여부
소통 능력	상황과 상대에 맞춰 효과적으로 의사소통하고, 감정을 조율하며 공감대를 형성하는 능력	경청 태도, 공감 표현, 메시지 전달 효과
도전정신	실패를 두려워하지 않고 새로운 시도를 지속하는 태도	재도전 여부, 개선 노력, 장기적 목표 유지력

역량 기반 학습 설계의 원리

CREDECA는 역량의 발현을 위해 다음과 같이 학습을 설계한다.

▶ 통합적 학습

현행 교육과정은 지식을 수직 나열하여 학습의 맥락을 단절시키는 한계가 있다. 반면, CREDECA는 교과 간 경계를 허물고 실생활 문제 중심의 융합형 교육과정을 구성한다. 예를 들어, '환경문제'를 다룰 때 기존의 교육이 각 교과마다 관련 지식을 다뤘다면, CREDECA는 각 교과를 융합해 탐구하도록 설계한다. 이렇게 하면 학생은 지식을 파편적으로 외우는 대신 세상을 통찰하는 능력을 배우게 된다.

[사례] '우리 도시의 탄소 발자국 지우기' 프로젝트

과학··전력 사용량 데이터 수집 및 에너지 효율 분석

기술··에너지 절감을 위한 자동 제어 시스템 설계 및 제작

국어··대중의 인식을 변화시킬 캠페인 스토리텔링 기획

사회··지역 공동체에 적용 가능한 환경 정책 제안서 작성

▶ 경험 기반 학습

CREDECA는 학생이 실제 경험을 통해 지식을 스스로 구성하고 의미를 발견하도록 유도한다. 이를 실현하는 대표적인 방법이 프로젝트 기반 학습(PBL)이다. PBL은 과제를 수행하는 차원에 그

치지 않고 학습자가 복잡하고 비정형적인 실생활 문제를 주도적
으로 해결하며 지식과 역량을 동시에 기르는 것이다.

실제로 한 중학교에서는 '우리 도시의 탄소 발자국 줄이기'
프로젝트를 진행했다. 학생들은 지역 데이터를 수집하고, 팀별로
해결 방안을 찾아 학교와 지역사회에 실질적인 제안을 했다. 이
과정에서 학생들은 데이터 리터러시, 협업, 윤리적 사고, 문제해
결 능력을 동시에 키웠다. 이는 CREDECA의 10대 역량이 학습 속
에서 유기적으로 작동한 대표적인 사례이다.

또한 CREDECA는 PBL을 수업 방식에서 학교 문화로 확장한
다. 교사들은 학년과 교과의 경계를 넘어 공동 프로젝트를 기획
하고, 학생들은 자신의 학습 여정을 포트폴리오 형태로 기록한
다. 이렇게 축적된 데이터는 AI 분석을 통해 성장 그래프로 시각
화되어 학생의 성찰과 교사의 평가 모두에 활용된다.

학습은 '실행 → 성찰 → 개선'의 순환적 과정을 통해 심화된
다. 교사는 AI의 분석 자료를 활용해 더욱 정교하고 질적인 평가
를 수행하고, 학생은 이를 토대로 자신의 학습 방향을 스스로 조
정한다. 이렇게 볼 때 PBL은 CREDECA가 지향하는 10대 역량과
가치가 현장에서 구현되는 역동적인 장이라 할 수 있다.

창의력	문제 정의 단계에서 정해진 답이 없는 독창적인 해결책을 치열하게 고민하며 발현된다.
협업	팀원들과의 역할 분담, 의견 조율, 갈등 해결 과정을 통해 실질적인 협동의 가치를 배운다.
데이터 리터러시	프로젝트 수행에 필요한 데이터를 수집·분석하고, AI 도구를 활용해 결과의 신뢰성을 검증하는 과정에서 습득된다.
경험	교실 밖 현장 전문가를 만나거나 직접 실험하는 과정에서 체화된다.
회복 탄력성	프로젝트가 실패하거나 난관에 봉착했을 때 좌절하지 않고 재도전하며 성장한다. 이 과정에서 데이터 분석, 협업, 표현력 등 다양한 역량이 통합적으로 길러진다.

CREDECA는 교과 지식 중심의 수업을 '현실문제 해결 중심의 수업'으로 전환하는 것을 목표로 한다. 학교는 이제 정답을 배우는 곳이 아니라, 문제를 발견하고 해결하는 실험실이 되어야 한다. 그래야 학생들이 수동적인 지식의 수용자에서 자기 성장의 설계자로 자리 잡게 된다.

교사와 AI의 협력 구조

CREDECA는 교사와 AI가 서로 보완적인 역할을 수행하는 유기적인 협력 구조를 지향한다.

▶ AI의 역할: 정교한 데이터 분석과 효율성

AI는 학습의 효율성을 극대화하는 엔진 역할을 수행한다. 학습자의 모든 학습 과정에서 발생하는 방대한 데이터를 수집하고 정밀하게 분석한다. 그리고 분석된 데이터를 바탕으로 각 학습자에게 최적화된 학습 경로를 추천하고 객관적인 피드백을 실시간으로 제공한다.

▶ 교사의 역할: 인간적 통찰과 성장의 의미 부여

교사는 AI가 대체할 수 없는 고유한 영역에서 학습의 깊이를 더한다. AI가 분석한 데이터를 인간적 통찰을 바탕으로 해석하며 복잡한 상황에서의 윤리적 판단을 주도한다. 또한 수치화하기 어려운 학생의 잠재력을 정성적으로 평가하며 감정적 지지로 학생의 성장을 돕는다.

이 두 주체가 조화를 이룰 때, 교육은 기술과 인간이 동반 성장하는 이상적인 형태로 발전할 수 있다. 기술이 학습의 효율성을 높이는 토대라면, 교사는 그 배움에 가치와 의미를 더하는 역할을 수행하는 것이다.

CREDECA 학습 생태계의 구조적 특징

CREDECA 학습 생태계

AI 교육은 교실에 최신 기술을 도입한다고 해서 저절로 이루어지는 것이 아니다. 미래를 바꾸는 것은 기술이 아니라 그 기술을 이해하고 창의적으로 활용할 줄 아는 인간의 역량이기 때문이다. CREDECA는 이러한 변화를 실현하기 위해 구체적이고 실행 가능한 학습 생태계를 제시한다. CREDECA의 학습 생태계는 학생의 성장을 다각도로 지원하기 위해 다음과 같은 세 가지 층위로 구성된다.

: 개인 학습층 학생의 자기주도적 학습이 이루어지는 영역이다. AI는 학습자의 데이터를 실시간으로 수집하고 분석하여 개인별 맞춤형 피드백을 제공한다.

: 협업 학습층 교사, 학생 그리고 지역사회가 함께 참여하는 공

동 프로젝트 영역이다. 팀원들과의 역할 분담과
갈등 해결 과정을 통해 실제적인 협동 역량을 길
러나간다.

∶평가·성찰층 학습의 결과를 정량적·정성적으로 분석하는 피
드백 영역이다. 축적된 데이터를 통해 현재의 성
취를 확인하고, 이를 바탕으로 다음 단계의 성장
목표를 설정한다.

| CREDECA 학습 생태계 구조 |

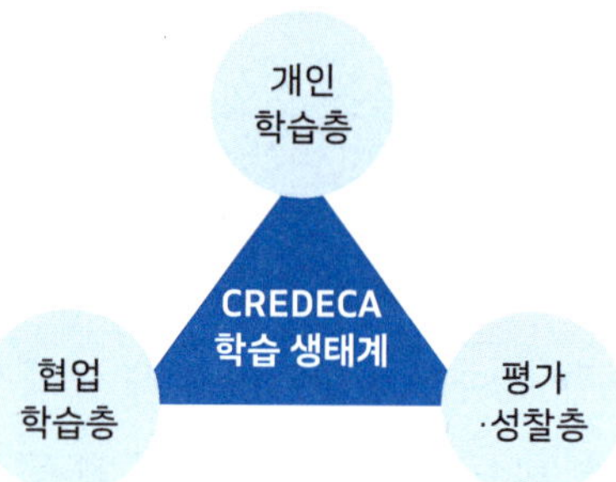

이 생태계는 닫힌 교실이 아니라 열린 플랫폼을 지향한다. 학교
는 CREDECA의 생태계 속에서 학습 공동체로 변모하며, 학생은
그 중심에서 스스로 성장의 방향을 그려나간다.

CREDECA 평가 체제

기존 역량 교육의 가장 큰 한계는 평가의 주관성이었다. 교사나 지역에 따라 평가 기준이 달라지는 탓에 불신이 쌓여 역량 교육의 확산이 어려웠다. CREDECA는 AI 기반의 객관적인 평가 체계를 통해 누구나 수긍할 수 있는 새로운 기준을 제시한다. 프로젝트 결과물, 토론 과정, 팀 협력 기록 등 학생의 모든 활동 데이터를 AI가 정량화하여 분석한다. 특히 **초등학교 1학년부터 고등학교 3학년까지 12년간 누적된 데이터를 기반으로 장기적인 '성장 곡선'을 그려냄으로써 지속적인 발달 과정을 보여준다.**

CREDECA 분석 시스템은 공정성을 강화하기 위해 교사의 관찰 기록, 학생의 자기성찰, 학부모 확인까지 다층 검증 구조로 되어 있다. 예를 들어, 한 학생이 환경문제 해결 프로젝트에 참여했다고 가정해보자. AI 분석은 그 학생이 제시한 아이디어의 독창성과 실행 과정의 기여도를 수치화한다. 교사의 관찰은 협업 태도와 리더십 발휘 과정을 기록한다. 학생의 자기평가는 배움의 성찰과 변화의 과정을 보여준다. 그리고 장기적으로 얼마나 발전했는지, 어떻게 도전과 실패를 극복했는지까지 평가에 포함된다.

그렇다면 창의성과 융합 같은 비정량적 역량은 어떻게 점수화할 것인가? 이에 대해 CREDECA는 행동 관찰이 가능한 측정 지표를 통해 평가한다. 창의성을 아이디어의 독특함이나 막연한 느낌이 아닌 구체적인 행동 패턴으로 분석하는 것이다. 즉, '문제 재정의 횟수', '실패 후 재도전 시퀀스', '이질적인 지식 연결 시도의 복잡성', '프로젝트 진행 중 관점 전환율' 등 구체적인 행동 관찰 지표로 평가한다. 이러한 지표들은 학생이 남긴 텍스트, 코드, 이미지, 협업 로그 데이터에서 이러한 패턴을 분석하여 점수화한다. 이로써 창의성이 막연한 개념이 아닌 체계적인 육성과 평가가 가능한 실질적인 역량임을 입증한다.

이렇게 다면적 데이터는 AI를 통해 표준화되므로 특정 학교나 교사에 따라 결과가 달라지는 불공정을 최소화한다. 정의된 역량이 눈에 보이는 데이터가 될 때, 비로소 교육은 신뢰를 얻고 미래와 연결될 수 있다.

CREDECA 평가 생태계와 10대 역량 구조

점수 중심 평가에서 역량 중심 평가로

CREDECA는 '점수 중심 평가'를 '역량 중심 성장 평가'로 근본적으로 전환한다. 이 시스템 안에서는 학생의 모든 학습 활동이 데이터화된다. AI가 데이터를 분석하고 교사와의 통찰이 더해져 학생에게 입체적인 피드백을 제공하는 하이브리드 평가 생태계가 구축되는 것이다.

CREDECA는 창의 영역을 기반으로 10가지 핵심역량을 정의하고 이를 구체화했다. 여기서 주목할 점은 CREDECA가 창의력을 단일 능력이 아니라, 현실 문제를 해결하는 과정에서 발휘되는 다양한 세부 역량의 총합으로 바라본다는 사실이다. 창의 영역에 뿌리를 둔 10대 역량은 학문적 성취뿐 아니라, 현실 세계에서 일어나는 문제를 발견하고 새로운 가치를 창출하는 힘을 길러준다.

창의적 사고와 실행을 가능하게 하는 이 10대 역량은 학업 성취는 물론, 현실 세계에서 문제를 발견하고 협력하며 가치 있는 결과를 창출하는 데 필요한 전방위적 역량을 포괄한다. 궁극적으로, 이는 단기 성과를 측정하는 지표가 아니라 평생 경쟁력을 예측하는 지표로 기능한다.

평가 방식의 핵심

▸ 정량 평가(AI 기반의 성장 시각화)

AI가 프로젝트 수행 기록, 팀원 간 협업 패턴, 자기성찰 일지의 키워드 등을 정밀하게 분석, 수치화하여 성장 그래프를 보여준다.

▸ 정성 평가(교사의 인간적 통찰)

AI가 포착하기 어려운 영역은 교사의 전문적인 관찰과 해석을 통해 완성된다. 윤리적 판단력, 학습 태도, 리더십 등 수치화하기 어려운 심층적 역량을 서술식으로 기록한다.

CREDECA는 평가의 일관성과 공정성을 확보하기 위해 교사가 초등학교 1학년부터 고등학교 3학년까지 공통적으로 사용할 수 있는 표준 템플릿을 제공한다. 이 템플릿은 앞서 정의한 10대 핵심 역량을 기반으로 설계되었다.

생활기록부 기재(간결 서술형)

역량명 ○○○

강점과 성과 기재: 학습 과정에서 나타난 두드러진 성과와 그 결과가 지닌 교육적 의미 기록

성장 가능성 확인: 현재의 성취를 넘어 향후 어떤 방향으로 발전할 수 있는지에 대한 소견을 담아냄.

예) 학생은 (구체적 활동·사례)를 통해 역량 발휘 내용을 보여주었다. 특히, (강점) 부분에서 두드러진 성과를 나타내었으며, (결과·의미)를 통해 성장 가능성을 확인할 수 있었다.

AI 기반 역량 보고서(정량 + 정성 결합)

정량 지표(예시 항목)

- 역량 세부 항목 1: ○○/100
- 역량 세부 항목 2: ○○/100
- 역량 세부 항목 3: ○○/100
- **종합 점수**: ○○/100

정성 평가(교사 코멘트): AI 시대 미래 사회 맥락에서 학생이 발휘한 행동이 어떤 경쟁력을 갖는지 서술. 차별화된 강점과 발전 과정을 짚어주며 개선이 필요한 부분과 보완 방향을 제시함.

예) 학생은 (구체적 활동·사례) 과정에서 (역량의 정의)에 부합하는 행동을 발휘했다. 특히 (차별적 강점·발전 과정)을 보여주었으며, 이는

(AI 시대 미래 사회) 맥락 속에서 중요한 경쟁력이 될 것이다. 추가적으로 개선할 부분이 발견되었으나, 이는 향후 학습과 경험을 통해 보완 가능하다.

실제 적용 사례

아래 예시들은 CREDECA가 학력을 10대 역량 속에 녹여 넣는 방식으로 채택했다. 그러나 필요 시 학력과 각 역량을 구별할 수도 있음을 밝혀둔다. 또한 예시들은 최대한 현재 생활기록부를 참조하여 가상 사례들로 평가했음을 밝힌다.

❶ 창의력

CREDECA는 창의력을 기존의 틀을 넘어 새로운 아이디어와 해법을 만들어내는 능력으로 정의한다. AI가 모방은 잘하지만 완전히 새로운 것을 창출하는 데는 한계가 있다는 데에서 필요성이 있다.

활동 사례 요약
○○ 학생은 AI 이미지 생성기를 활용해 기후 변화 이후의 지구 도시를 가상으로 디자인했다. 단순히 시각 자료를 만드는 데 그치지 않고, 이 이미지를 과학 프로젝트와 연결하여 기후 변화의 원인과 결과, 그리고 지속 가능한 도시 설계 모델에 대한 자신의 아이디어를 설명했다.

평가 근거

아래와 같이 항목별로 평가 기준을 제시하지만, AI에 의할 때는
더 다양한 관점에서도 평가가 가능하다.

평가 항목	우수(5점)	보통(3점)	미흡(1점)
아이디어 독창성	기존 틀을 넘어 새로운 해결책 제시	변형 수준의 아이디어	모방 수준
실행 가능성	실현 가능한 구체적 설계	일부 실현	실행 고려 없음
표현력	설득력 있고 명확한 전달	다소 불분명	설명 부족

창의력 외 다양한 항목을 제시하여 평가할 수 있다.

평가 항목	우수(5점)	보통(3점)	미흡(1점)
융합적 사고	다양한 분야(과학 + 예술 + AI 등)를 연결하여 새로운 의미와 가치를 창출	일부 교과 지식과 AI 활용을 병행하였으나 깊은 연결은 부족	교과 지식 또는 기술을 단편적으로만 사용
실천적 창의성	산출물에 그치지 않고 문제해결 아이디어·사회적 의미까지 제시	프로젝트 산출물은 완성했으나 탐구·설명 연결이 부족	결과물이 단순 제작 수준에 머물러 탐구와 연결되지 않음.
표현력	아이디어를 시각 자료와 설명으로 명확히 전달, 동료와 공유·토론 가능	산출물은 있으나 전달력·설득력이 부족	결과를 설명하지 못하거나 단순 제시 수준에 머묾.

위 평가 기준에 의거, CREDECA 평가 시스템은 다음과 같이 학생의 역량을 평가한다. 창의력 역량, 융합적 사고와 응용, 실천적 창의성을 평가한 예시이다.

창의력 역량 평가	기존 교과 지식에 머물지 않고, 미래의 환경문제를 상상하여 도시 설계라는 새로운 접근 방식을 시도했다. 이는 CREDECA 창의력 정의(고정관념을 깨고, 새롭게 사고하며, 대안을 만들어내는 능력)에 부합한다(독창적 아이디어 발굴 등).
융합적 사고와 응용	과학(기후 변화 분석)과 예술(AI 시각화)을 연결하여 교과 간 경계를 넘는 융합적 사고를 발휘했다. AI라는 도구를 단순히 '사용'하는 데 그치지 않고, 자신의 탐구 과정과 결과물의 설득력을 강화하는 매개체로 활용한 점이 돋보인다.
실천적 창의성	생성된 이미지를 토대로 "왜 이런 도시가 필요한가?", "기후위기 속 인간은 어떤 방식으로 적응해야 하는가?"라는 질문을 던지고, 나름의 과학적 설명을 곁들여 동료 학생들과 공유했다. 창의적 산출물을 사회적 의미와 연결한 실천적 창조성을 확인할 수 있었다.
종합 평가	○○학생은 AI 기술을 활용하여 단순한 시각 자료를 만드는 수준을 넘어, 기후위기라는 현실적 문제를 창의적 상상력과 과학적 탐구로 연결해냈다. 이는 지식암기 중심 학습을 넘어 '새로운 문제를 정의하고, 독창적 해법을 탐구하는 창의적 역량'을 발휘한 훌륭한 사례이다.

<table>
<tr><td>생활기록부
기재 예시</td><td>○○ 학생은 AI 이미지 생성기를 활용하여 '기후 변화 후의 지구 도시'라는 가상의 세계를 디자인하고, 이를 과학 프로젝트와 연계했다. 단순한 산출물 제작을 넘어 환경문제라는 사회적 의제를 창의적으로 탐구하며, 독창적인 아이디어를 구체적 실행으로 연결했다. 이러한 과정에서 새로운 해법을 모색하고 의미를 부여하는 능력이 돋보였으며, CREDECA 창의력 역량을 우수하게 발휘했다.</td></tr>
</table>

학생들의 창의력을 기르려면 어떻게 해야 할까? 그것은 학생들이 단순히 지식을 익히는 것이 아니라 새로운 연결·발상·도전을 해볼 수 있는 경험을 제공하는 것이 중요하다. 창의적인 발상을 자극하는 대표적인 6가지 경험 모델을 소개하면 다음과 같다.

▶ 골드버그창작 활동(CREDECA 대표 사례)

CREDECA의 정체성을 가장 잘 보여주는 활동으로, AI 센서나 코딩을 접목해 스토리가 담긴 복잡한 장치를 설계하게 한다. 이 과정을 통해 학생들에게 그렇게 설계한 이유를 설명하도록 유도함으로써 사고를 확장할 수 있다. 골드버그창작 활동은 가정과 학교 어디서든 실천 가능하며 정해진 답 없이 무한한 창의력을 발휘할 수 있는 검증된 도구이다.

▶ 가정 내 창작 챌린지

일상적인 환경을 탐구의 장으로 변모시킨다. 주방 도구, 재활용

품 등을 활용해 새로운 발명품을 고안하고, 그 원리를 설명해보게 한다. 예를 들어, 종이, 비닐, 고무줄만을 사용해 '물을 절약하는 컵'을 설계하고 그 원리를 설명하게 한다.

질문 중심의 독서 토론

일반적인 독후감 쓰기에서 벗어나 "이 책의 주인공이 오늘날 AI와 만난다면 어떤 일이 벌어질까?" 같은 질문으로 사고를 확장할 수 있는 독서 토론 활동을 진행한다.

STEAM 융합 프로젝트

과학적 원리와 예술적 감성을 결합하여 통합적 사고를 기른다. 예를 들면, '태양광 에너지를 활용한 미니 음악상자' 만들기처럼 과학 실험에 예술 요소를 접목하여 발표하게 한다.

지역사회 연계 활동

학생이 살고 있는 지역의 문제점을 찾아보고, 그것을 해결해보는 실천적 경험이다. 예를 들면, '하천 오염 줄이기 프로젝트'를 구성하여 학생들이 직접 조사하고, 창의적인 해결책을 찾아 디자인과 스토리텔링 방식으로 발표하게 한다.

문화·예술 창작 페스티벌

디지털 도구를 활용해 자신만의 콘텐츠를 생산하는 활동이다. 그림, 음악, 연극뿐 아니라 AI 영상, 디지털 만화 등 첨단 도구를 활용한 창작물을 만들고, 스스로 만든 콘텐츠를 대중 앞에서 발표하게 한다.

CREDECA는 창의력을 다각도로 분석하기 위해 다음과 같은 핵심 질문을 던진다.

아이디어 독창성	기존의 틀을 벗어나 새로운 해석을 시도했는가?
실행 가능성	단순 상상에 그치지 않고, 실제 현실에서 구현할 수 있는 가능성을 충분히 고려했는가?
융합성	과학·예술·기술 등 서로 다른 영역의 지식을 창의적으로 연결했는가?
표현력	자신의 생각을 그림, 글, 발표 등 최적화된 매체를 통해 효과적으로 전달했는가?

이런 구체적인 활동 예시를 제시하는 것은, 창의력이라는 막연한 개념을 구체적으로 이해하는 데 도움이 되기 때문이다. 부모는 창의력을 키우기 위한 실질적 방향을 이해하게 되고, 학생은 '나도 한번 해보고 싶다'는 내적 동기를 갖게 된다. 하지만 그동안 우리는 학생들에게 이러한 장을 제공하지 않았다.

AI코딩골드버그

CREDECA의 대표적 활동인 'AI코딩골드버그'는 흔한 코딩 수업이 아니라 학생들의 창의력을 생활 속에서 확장할 수 있는 훌륭한 매개체이다. CREDECA 'AI코딩골드버그' 풀세트로 창의력을 신장할 수 있는 대표적인 방법을 정리한다.

문제 정의에서 창의력 기르기

- **방법** 움직이는 장치를 만들고 시연하는 데 그치지 말고, 특정한 스토리나 문제를 설정하도록 한다.
  예) 학교 수돗물 절약을 돕는 골드버그 장치 만들기
- **창의력 포인트** 아이가 스스로 이 장치가 왜 필요한지 생각하고 문제를 발견하고 창의적으로 접근하게 한다.

코딩과 상상력의 융합

- **방법** 센서·AI 모듈을 연결해 단순 물리적 장치에 '지능'을 부여한다.
  예) 소리가 나면 공이 굴러가도록 코딩, 빛을 감지하면 도미노가 쓰러지도록 설계

- **창의력 포인트** 아이는 기계 장치를 제작하면서 '상황에 반응하는 장치'
  를 설계하게 되고, 이는 곧 상상력을 기술로 실현하는 경험이 된다.

실패-재설계 과정을 통한 창의력 강화

- **방법** 완벽한 결과보다 실패와 개선을 강조한다.
- **실천 예시** 장치가 중간에 멈췄을 때, 원인을 찾고 새로운 연결 방식을
  고안하도록 유도한다.
- **창의력 포인트** "한 번에 성공하는 장치는 없다. 실패할수록 더 창의적
  발상이 나온다."는 원칙 아래 실패를 새로운 아이디어의 원천으로
  경험하게 한다.

협업 속 아이디어 확장

- **방법** 팀별로 역할을 나누되, 발표할 때는 '왜 이런 설계를 했는지' 설명하
  게 한다.
- **창의력 포인트** 서로 다른 아이디어를 공유·조율하면서, 타인의 발상을
  수용하고, 자신의 생각을 확장하는 경험을 하게 한다.

표현과 스토리텔링으로 마무리

- **방법** 작동 여부를 시연하고, 스토리텔링 발표로 마무리한다.
  예) "이 장치는 미래 도시의 환경문제를 해결하기 위해 설계했다."
- **창의력 포인트** 아이디어를 '기계 장치'가 아닌, 의미와 가치를 담은 창작
  물로 승화되도록 한다.

이렇듯 AI코딩골드버그는 아이의 상상력 → 설계 → 실행 → 실패 → 재
창조라는 전 과정을 통해 창의력을 심화시키는 창작 활동이다.

❷ 문제 발견력 및 해결력

CREDECA는 이 역량을 문제를 스스로 인식하고, 원인을 과학적으로 분석하여 실효성 있는 해결책을 설계·실행하는 힘으로 정의한다.

활동 사례 요약
○○ 중학생들로 구성된 프로젝트 팀은 거주 지역 하천의 오염을 발견하고, AI 센서를 이용해 수질을 분석 후 지역사회에 개선안을 제시했다.

위 활동 사례는 CREDECA의 핵심역량인 '문제 발견력 및 해결력'을 충실히 구현한 사례라 할 수 있다. 분석 및 탐구 면에서 이 학생들은 AI 센서를 활용해 수질 데이터를 직접 수집하고, 오염 물질의 변화를 체계적으로 분석했다. 이는, 단편적인 현상 관찰에 그치지 않고 수치와 데이터를 통해 원인을 논리적으로 파악하려는 과학적 사고를 잘 보여준다. 또한 해결책을 설계하고 실행 면에서 하천 정화 캠페인을 기획하고 지역사회에 구체적인 정책 제안서를 제출했다. 이는 단순한 문제 인식에 머물지 않고 실행 가능한 대안을 마련하고 추진한 점에서 높은 평가를 받을 만하다.

학생들은 관찰 → 데이터 분석 → 해결책 도출의 과정을 스스로 주도했으며, 문제를 회피하지 않고 끝까지 해법을 완수했다. 이러한 경험은 앞으로 살아가면서 부딪히게 될 다양한 문제들을 해결하는 데 도움이 될 것이다.

생활기록부 기재용 간결 서술(서술형 평가 기록)

문제 발견 능력 및 해결력

지역 하천의 오염 문제를 스스로 탐구 주제로 선정하여, AI 센서를 활용해 수질 데이터를 수집·분석하고 원인을 규명했다. 단순한 인식에 그치지 않고 지역사회 개선안을 구체적으로 제시하며 실행 방안을 마련했다. 탐구 과정 전반에서 논리적 분석과 주도적 태도를 보여주었으며, 실제 문제해결로 연결하는 실천력을 발휘했다.

AI 역량 보고서용 (정량+정성 평가)

정량 지표

- 문제 정의 명확성: 90/100
- 분석 및 탐구 과정: 88/100
- 해결책 실행 가능성: 92/100
- 협업 기여도: 85/100
- 종합 점수: 89/100

정성 평가

○○ 프로젝트 팀은 지역 하천의 오염 문제를 스스로 발견하고, 이를 단순한 관찰에 그치지 않고 과학적 방법으로 접근했다. 학생들은 AI 센서를 활용해 수질 데이터를 수집·분석하며 오염의 원인과 양상을 구체적으로 파악했다. 특히 단순히 문제를 제시하는 데서 멈추지 않고, 개선 방안을 설계하여 지역사회와 공유하는 실천적 태도를 보여주었다.

❸ 협업 능력

CREDECA는 협업 능력을 다양한 배경과 역할을 가진 사람들과 공동의 목표를 위해 유연하게 상호작용하며 시너지를 내는 힘으로 정의한다. 글로벌 프로젝트를 위해서는 다문화·다전공의 협력이 필수적이고, 다문화·다분야 융합 프로젝트에서 협업 능력은 성패를 가르는 결정적 요인이라는 점에서 필요성이 커지고 있다.

학생 활동 사례

○○ 고등학교 팀은 전 세계 각국의 학생들과 결합하여 48시간 안에 앱 기획부터 발표까지 완수하는 고강도 협업 과제에 도전했다. 언어 장벽, 문화적 차이, 시차라는 물리적 한계를 극복해야 하는 실전적 환경에서 프로젝트를 무사히 수행했다.

교사 평가 예시

협업 과정의 강점	학생들은 초기 아이디어 회의에서 자신의 의견만 고집하기보다, 팀원들의 제안을 경청하며 공통의 목표를 설정하는 포용력을 보였다. 역할 분담 역시 개인의 장점에 맞추어 효율적으로 이루어졌다. 예를 들어, 프로그래밍에 강한 학생은 코딩 파트를 맡고, 발표력이 뛰어난 학생은 최종 발표를 준비했다. 이를 통해 48시간이라는 제한된 시간 안에서도 프로젝트가 체계적으로 운영될 수 있었다.

갈등 조율 및 소통	다국적 팀 협업 과정에서 언어적·문화적 차이로 인해 일정한 오해와 갈등이 발생했으나, 학생들은 문제를 대화로 풀어가려는 태도를 보였다. 특히 ○○고 학생들은 온라인 협업 툴과 AI 번역기를 적절히 활용해 소통의 장벽을 낮추었으며, 팀 전체의 분위기를 긍정적으로 이끌어가는 모습을 보였다. 이는 협업 능력이 단순히 '함께 일하는 것'을 넘어, 다양성을 존중하고 조율하는 힘임을 잘 보여주었다.
협업 능력 평가	프로젝트 각 단계에서 책임감 있게 맡은 역할을 수행하며 결과물 완성에 핵심적으로 기여하고(팀 기여도), 의사소통 과정에서 생긴 갈등을 성숙하게 조율하고, 타인의 입장을 이해하려는 태도를 보여주었다(갈등 관리). 또한 동료의 작업에 대해 건설적인 피드백을 주고, 피드백을 적극 수용하여 결과물을 개선했다(상호 피드백).
종합 평가	이 학생들은 협업 능력의 핵심인 경청·배려·역할 분담·갈등 조율을 모두 경험하며 실천했다. 48시간 프로젝트라는 압박 속에서도 혼자가 아닌 함께 성장하는 경험을 했다는 점에서 매우 의미 있는 성과를 남겼다. 앞으로 이 경험은 대학이나 사회 진출 후에도 글로벌 환경에서 협력하며 성과를 내는 능력으로 이어질 것이다.

루브릭 평가 예시

평가 항목	5점(탁월)	3점(보통)	1점(미흡)	학생 평가
팀 기여도	맡은 역할을 뛰어나게 수행하며 프로젝트 완성에 핵심적으로 기여함.	역할을 수행했으나 기여도가 다소 제한적임.	역할 수행이 불분명하거나 기여도가 미약함.	5점
갈등 관리 능력	갈등 상황에 적극적으로 조율하고 팀 분위기를 긍정적으로 이끌어감.	갈등 상황에서 기본적인 조율은 가능했으나 소극적 태도를 보임.	갈등 상황에서 문제를 해결하지 못하거나 회피함.	4점
상호 피드백	동료 작업에 대해 건설적인 피드백을 제공하고 적극 수용하여 결과물을 개선함.	기본적인 피드백은 했으나 깊이·수용 태도는 제한적임.	피드백 제공이나 수용이 거의 이루어지지 않음.	5점
소통 태도	언어·문화적 차이를 존중하며 다양한 도구를 활용해 원활히 소통함.	기본적인 소통은 이루어졌으나 일부 오해나 단절이 발생함.	소통이 원활하지 않아 프로젝트 진행에 방해됨.	4점

총점: 18 / 20점

루브릭 종합 의견(예시): 학생은 국제 대회라는 도전적 상황에서 협업 능력을 탁월하게 발휘했다. 특히, 역할 분담의 효율성과 상호 피드백의 적절성이 두드러졌으며, 다문화 환경에서 소통 능력을 발전시킨 점은 높은 평가를 받을 만하다.

❹ 표현력

CREDECA는 표현력을 자신의 생각과 감정을 말, 글, 시각 매체, 기술 도구 등 다양한 방식을 활용해 효과적으로 전달하는 능력으로 정의한다. 수많은 정보가 쏟아지는 AI 시대에 자신의 아이디어를 설득력 있는 서사로 구현하는 힘은 절대적으로 필요한 핵심 무기이다.

학생 활동 사례

○○ 학생은 AI 프레젠테이션 툴을 활용하여 지역 축제를 홍보하는 캠페인을 기획했다. 스토리텔링 기법과 시각적 요소를 적절히 조합하여 축제 일정, 축제의 의미와 가치를 효과적으로 전달했다.

교사 평가 예시

메시지 전달의 명확성	학생은 축제의 주제와 목적을 간결하면서도 설득력 있게 표현했다. 불필요한 정보는 줄이고, 청중이 공감할 수 있는 핵심 메시지를 강조한 점이 뛰어났다.
시각·청각적 요소 활용	AI 프레젠테이션 툴의 기능을 적절히 활용하여, 데이터 시각화·이미지 생성·음향 효과 등을 결합했다. 이는 정보의 단순 전달을 넘어 청중의 몰입도를 높이는 데 기여했다.

스토리텔링 능력	단순히 축제 일정을 소개하는 것이 아니라, 축제가 지역사회에 어떤 의미가 있는지, 참여자에게 어떤 경험을 줄 수 있는지를 이야기 형식으로 풀어냈다. 이는 단순 정보 제공을 넘어 감정적 설득력을 발휘한 사례였다.
종합 평가	이번 활동을 통해 학생은 표현력을 탁월하게 보여주었다. 특히, AI 기술을 도구로 활용해 메시지의 명확성, 스토리텔링, 시각적 설득력을 고루 갖춘 점은 미래 사회가 요구하는 창의적 커뮤니케이션 능력을 잘 보여주었다. 이는 지역사회와 글로벌 무대 어디에서든, 아이디어를 효과적으로 전달할 수 있는 중요한 능력이다.

루브릭 평가 예시

평가 항목	5점(탁월)	3점(보통)	1점(미흡)	학생 평가
메시지 전달	핵심 메시지가 명확하며, 청중이 쉽게 이해하고 공감할 수 있음.	메시지가 다소 산만하거나 불필요한 정보가 포함됨.	메시지가 불명확하고 핵심이 드러나지 않음.	
스토리 텔링	정보 전달을 이야기 형식으로 구성해 청중의 감정과 관심을 끌어냄.	일부 스토리텔링 시도가 있으나 전개가 부족함.	단순 정보 나열에 그쳐 청중 몰입도가 낮음.	

| 시각·매체 활용 | AI 툴의 기능을 적절히 활용해 시각·청각 효과를 극대화함. | 기본적인 시각자료만 활용, 창의적 활용은 부족함. | 시각자료 활용이 거의 없거나 비효과적임. | |
| 청중 반응 유도 | 청중의 참여와 반응을 이끌어내는 효과적 설계가 이루어짐. | 일부 반응은 이끌어냈으나 지속성이 부족함. | 청중의 반응을 거의 유도하지 못함. | |

총점: __ / 20점

❺ 융합 능력(STEAM)

CREDECA는 융합 능력을 과학(S), 기술(T), 공학(E), 예술(A), 수학(M) 지식을 통합적으로 적용하여 복합적인 현실 문제를 해결하는 능력으로 정의한다. AI 시대에는 복잡하고 다양한 문제를 단일 학문으로 해결할 수 없기 때문에 융합 능력은 복합 난제를 풀기 위한 필수 자질이다.

학생 활동 사례

학생 팀은 드론 기술과 환경 예술을 결합하여 '하늘 정원 프로젝트'를 기획하고 구현했다. 드론을 비행 장치로만 활용하지 않고, 친환경적 도시 디자인과 예술적 요소를 융합해 새로운 형태의 프로젝트를 만들어냈다.

교사 평가 예시

분야 융합의 창의성	학생들은 공학적 드론 제어 기술을 기반으로, 도시 환경문제와 예술적 감수성을 결합했다. 단일 학문적 접근이 아닌 과학-기술-예술의 통합적 사고를 발휘한 점이 돋보인다.
실행 가능성	단순히 아이디어 제안에 머무르지 않고, 드론의 비행 궤적과 식물 배치, 시각적 미학을 구체적으로 설계하여 실제 구현 가능성을 보여주었다.
문제해결 과정	프로젝트 과정에서 드론의 배터리 한계, 환경 요소와의 충돌 위험 같은 기술적 문제를 발견하고, 팀 내 협의를 통해 대체 에너지 장치와 자동 충돌 방지 시스템을 설계하는 성과를 냈다.
종합 평가	학생들은 이번 활동에서 STEAM 융합 능력의 진수를 보여주었다. 기술적 전문성과 예술적 창의성을 동시에 발휘하여, 도시의 환경문제를 해결하면서도 시민에게 감동을 주는 새로운 가치를 창출했다. 이는 AI 시대 인재가 갖추어야 할 복합 문제해결력과 융합적 사고력을 체득한 모범 사례라 할 수 있다.

루브릭 평가 예시

평가 항목	5점(탁월)	3점(보통)	1점(미흡)	학생 평가
분야 융합의 창의성	이질적 분야(공학+예술+환경)를 통합해 독창적이고 새로운 해결책을 제시함.	일부 융합은 이루어졌으나 창의성·차별성이 다소 부족함.	단일 분야에 국한되어 융합적 사고가 부족함	
실행 가능성	설계와 구현 과정이 구체적이며 실제 적용 가능성을 충분히 입증함.	아이디어는 있으나 구체적 실행 방안이 제한적임.	실행 가능성에 대한 고려가 부족함	
문제해결 과정	기술·환경적 문제를 발견하고 다양한 관점을 융합해 개선책을 효과적으로 제시함.	문제해결 시도는 있었으나 일부 미흡하거나 단편적임.	문제해결 노력이 거의 없거나 비효과적임.	
팀 내 융합적 역할 분담	각자의 전공과 재능을 살려 융합적 시너지를 창출함.	기본적인 역할 분담은 이루어졌으나 융합 효과는 제한적임.	역할 분담과 협력이 융합적 성과로 이어지지 못함.	

총점: __ / 20점

이 평가들은 분야별 결합의 창의력, 해결책의 실행 가능성을 평가 포인트로 삼고, 분야별 융합의 창의력과 적용의 실효성을 보여줄 수 있다.

❻ 논리적 사고력(비판·유연 사고)

CREDECA는 논리적 사고력을 사실과 의견을 구분하고, 객관적인 근거를 토대로 논리를 전개하며, 필요 시 다른 관점을 수용하는 능력으로 정의한다. 가짜뉴스와 정보 왜곡이 범람하는 현대사회에서 정보의 진위를 판별하고 합리적 결론에 도달하는 이 능력은 반드시 갖춰야 할 핵심 능력이다.

학생 활동 사례

> 학생들은 지역의 역사적 쟁점에 대해 서로 다른 입장에서 심층 토론을 진행한 뒤, AI를 활용해 인포그래픽으로 제작했다.

교사 평가 예시

비판적 분석 능력	학생들은 역사적 사건을 단일한 해석으로 받아들이지 않고, 정치적·사회적·문화적 맥락을 다각도로 검토했다. 특히 기존 교과서의 서술과 현대 학자의 해석을 비교하며, "누가 어떤 관점에서 기록했는가"라는 질문을 던진 점이 돋보였다. 이는 단순 암기가 아닌, 정보의 출처와 의도를 분석하는 비판적 사고를 잘 보여주었다.
유연한 사고 전개	토론 과정에서 의견이 충돌했을 때, 학생들은 상대의 주장을 단순히 반박하는 데 그치지 않고, 새로운 관점을 수용해

	자신들의 논지를 확장했다. 예를 들어, 경제적 시각에서 출발한 주장이 사회·문화적 요인과 연결되며 보다 입체적인 설명으로 발전했다. 이는 유연 사고의 좋은 사례였다.
논리 구조와 표현	최종적으로 제작된 AI 인포그래픽은 다양한 관점을 시각적으로 구조화하여 표현했다. 사건의 원인-전개-결과를 인과적으로 연결하고, 각 단계에서의 다양한 시각을 균형 있게 배치한 점에서 논리적 체계성이 뛰어났다. 학생들은 정보를 단순 나열하지 않고, 핵심 메시지를 명확히 전달하는 스토리라인을 구축했다.
종합 평가	학생들은 단순히 과거 사건을 학습하는 데 그치지 않고, 이를 비판적으로 재해석하고 새로운 관점을 모색하는 능력을 보여주었다. 특히, AI 도구를 활용해 복잡한 논리를 시각적으로 표현한 점은 창의적이면서도 논리적 사고를 동시에 발휘한 성과였다. 앞으로도 다양한 주제를 다각도로 분석하고, 타인의 관점을 유연하게 수용하는 연습을 지속한다면, 논리적 사고력이 더욱 심화될 것이다.

루브릭 평가 예시

평가 항목	5점(탁월)	3점(보통)	1점(미흡)	학생 평가
비판적 사고	출처·관점을 분석하고 다층적 해석을 제시함.	일부 비판적 시도 있으나 단편적임.	정보를 비판 없이 그대로 수용함.	

유연 사고	다양한 시각을 수용해 논지를 확장함.	시각 수용은 있으나 제한적임.	자기주장만 고집함.
논리적 사고	원인-과정-결과가 체계적으로 연결됨.	일부 연결은 있으나 불완전함.	구조적 체계가 미흡함.
시각화	AI 도구를 활용해 논리 구조를 효과적으로 전달함.	시각화는 있으나 핵심이 부족함.	시각화 활용 없음.

총점: __ / 20점

❼ 자기주도성

CREDECA는 자기주도성을 외부의 강요 없이 스스로 목표를 설정하고, 계획을 세워 실행·점검·보완하는 능력으로 정의한다. 급변하는 환경 속에서 스스로 배움의 경로를 설계하고 결과물을 만들어내는 힘은 매우 중요한 생존 역량이다.

학생 활동 사례

○○ 학생은 스스로 온라인 코딩 강좌를 수강하고, 학교 축제에서 직접 개발한 게임을 시연했다.

교사 평가 예시

목표 설정과 실행력	학생은 단순히 수업 과제에 의존하지 않고, 스스로 학습 목표를 세워 온라인 코딩 강좌를 수강했다. 이는 자신의 진로와 관심사를 기반으로 한 구체적 목표 설정 능력을 보여주며, 학습의 주도권을 교사나 부모가 아닌 스스로에게 두었다는 점에서 높이 평가된다.
학습 지속성과 자기 관리	온라인 강좌는 스스로 시간 관리와 동기 부여 없이는 완수하기 어려운 과정이다. 해당 학생은 학습 과정에서 필요한 기초 이론을 충실히 익히고, 강좌의 실습 과제를 끝까지 완수하며 높은 자기 관리 능력을 발휘했다.
지식의 실제 적용	단순히 배운 내용에 머물지 않고, 이를 응용해 학교 축제에서 직접 개발한 게임을 시연했다. 이는 학습한 지식을 자신의 창의적 아이디어와 결합해 실질적 성과물로 구현한 사례로, 배움의 자기화(self-appropriation)를 보여준다.
공유와 영향력	개발한 게임을 축제에서 시연한 것은 자기 학습의 성과를 공동체와 나누려는 태도를 드러낸다. 학생은 단순히 개인적 성취에 머무르지 않고, 친구들과 교사들에게 새로운 경험을 제공하며 긍정적 학습 문화를 확산시켰다.
종합 평가	해당 학생은 자기주도적 학습의 전형적인 모범 사례를 보여주었다. 특히 학습 목표 설정 → 강좌 수강 → 프로젝트 구현 → 공동체 공유라는 전 과정을 스스로 주도한 점은 높게

종합 평가	평가할 만하다. 앞으로도 학생이 새로운 분야에 도전하고 자기주도적 학습 습관을 유지한다면, AI 시대가 요구하는 자기주도성과 창의적 실천력을 모두 갖춘 인재로 성장할 것이다.

루브릭 평가 예시

평가 항목	5점(탁월)	3점(보통)	1점(미흡)	학생 평가
목표 설정	구체적 목표를 세우고 끝까지 실행함.	목표는 있으나 불분명하거나 부분적으로 실행함.	목표 설정이 모호하거나 실행 미흡함.	
자기 관리	학습 계획을 충실히 이행하고, 꾸준히 성실하게 임함.	일정 부분 이행했으나 불규칙적임.	학습 지속성 부족함.	
지식 활용	배운 내용을 실제 성과물로 창출함.	배운 내용을 일부 적용함.	단순 습득에 머묾.	
공유 태도	성과를 공동체와 나누고 영향력을 발휘함.	성과를 공유했으나 제한적임.	성과를 개인적으로만 소비함.	

총점: __ / 20점

❽ 디지털 리터러시

CREDECA는 디지털 리터러시를 디지털 도구와 정보를 비판적으로 이해·활용하고, 온라인 윤리와 보안 의식을 실천하는 능력으로 정의한다. 이는 AI, 메타버스 등 급변하는 기술 환경에서 디지털 공간의 주권자로서 살아가기 위한 차세대 필수 생존 역량으로 그 필요성이 증대되고 있다.

학생 활동 사례

○○ 학생은 SNS 캠페인을 설계·운영하여 환경보호 메시지를 확산시키고, 동시에 지역 농산물 홍보까지 연결했다.

교사 평가 예시

디지털 도구 활용 능력	학생은 다양한 SNS 플랫폼의 특성을 분석하고, 각 매체에 적합한 홍보 방식을 설계했다. 이미지 제작 툴, 해시태그 전략, 알고리즘 기반 노출 방식을 적절히 활용한 점에서 높은 디지털 활용 능력을 보여주었다. 단순 사용자에 머무르지 않고, 콘텐츠 기획자이자 운영자로 성장하는 가능성을 확인할 수 있었다.
정보의 신뢰성과 윤리적 접근	캠페인 과정에서 학생은 환경 보호 관련 데이터를 단순 복사하지 않고, 출처를 명확히 제시하며 신뢰성을 확보했다. 또한 지역 농산물 홍보 과정에서도 상업적

	과장이 아닌 사실 기반의 메시지를 전달해 디지털 윤리 의식을 실천했다는 점이 긍정적이다.
디지털 소통과 영향력	SNS라는 디지털 공간에서 단순 홍보를 넘어, 타인의 공감을 이끌어내는 스토리텔링을 활용했다. 댓글, 공유, 협력 네트워크를 통해 타인의 참여를 적극 유도했으며, 이는 디지털 환경 속 소통 능력과 영향력 발휘의 좋은 사례가 된다.
융합적 가치 창출	환경 보호 메시지와 지역 농산물 홍보를 결합해, 사회적 가치와 지역 경제 활성화를 동시에 달성했다.
종합 평가	학생은 이번 SNS 캠페인을 통해 디지털 리터러시의 핵심 요소(도구 활용, 정보 윤리, 소통, 가치 창출)를 균형 있게 발휘했다. 단순히 기술을 사용하는 데 그치지 않고, 사회적 메시지와 경제적 가치를 결합해 공동체에 기여한 점은 특히 돋보인다. 향후 글로벌 이슈나 국제적 협력 프로젝트에서도 이 역량은 강력한 경쟁력이 될 것이다.

루브릭 평가 예시

평가 항목	5점(탁월)	3점(보통)	1점(미흡)	학생 평가
디지털 도구 활용	플랫폼 특성 분석 및 도구를 창의적으로 활용함.	기본 도구를 활용할 수 있음.	제한된 기능만 활용함.	

정보 신뢰성 ·윤리	출처가 명확하고, 사실에 기반한 정보를 전달함.	일부 출처가 불명확하고, 정보 사용 시 윤리적인 고려를 덜함.	무단 복제, 왜곡된 정보를 사용함.	
소통 ·참여 유도	타인의 참여·공감을 적극적으로 이끌어냄.	일부 참여를 유도함.	소통·참여 유도 거의 없음.	
가치 창출	사회적 가치와 경제적 가치를 융합하여 달성함.	단일 목표 중심임.	명확한 성과 없음.	

총점: __ / 20점

⑨ 소통 능력

CREDECA는 소통 능력을 상황과 대상에 맞춰 효과적으로 의사소통하며, 감정을 조율하고 공감하는 능력으로 정의한다. 협업과 리더십의 핵심역량이자 배려의 실천이다.

학생 활동 사례

○○ 학생은 농·산·어촌 지역에서 생활하는 다문화 학생들 간 갈등 상황을 조정하고, 공동 발표를 성공적으로 마무리했다.

교사 평가 예시

경청과 공감	갈등 상황에서 학생들은 서로의 입장을 주의 깊게 경청하고, 상대방의 감정을 존중하는 태도를 보였다. 특히 다문화 학생의 언어적 표현이 미숙할 때, 인내심을 가지고 다시 설명을 요청하거나 보완해주며 공감적 소통을 실천했다.
갈등 조율 능력	문화적 배경 차이로 인해 의견 충돌이 발생했으나, 학생들은 '누가 옳은가'보다는 '어떻게 함께 나아갈 것인가'에 초점을 맞췄다. 결과적으로 양쪽이 모두 수용할 수 있는 발표 주제와 역할 분담을 찾아내며 협력 구조를 만들었다.
공동성과 창출	최종 발표에서는 갈등을 극복한 경험 자체를 사례로 담아내어, 오히려 발표의 설득력과 진정성을 높였다. 이는 소통 능력이 단순히 의견 교환이 아니라, 공동 성과와 의미 있는 결과물 창출로 연결될 수 있음을 잘 보여준다.
종합 평가	이 사례에서 학생은 소통 능력의 본질을 보여주었다. 언어·문화적 차이를 극복하고, 서로의 감정을 존중하며, 갈등을 해결해 협력적 성과를 도출한 경험은 향후 어떤 집단 활동에서도 큰 자산이 될 것이다. 이는 단순히 말하기·듣기 기술을 넘어, AI 시대 글로벌 협력의 핵심역량으로 성장했다는 증거이다.

경청 태도, 공감 표현, 메시지 전달 효과, 청취 태도, 공감 표현, 메시지 전달 효과의 관점에서 평가한다.

루브릭 평가 예시

평가 항목	5점(탁월)	3점(보통)	1점(미흡)	학생 평가
경청 태도	끝까지 경청, 끼어듦 없음.	기본 경청, 간헐적 방해	자주 끼어들고 경청 부족	
공감 표현	감정 이해 + 자연스러운 공감	공감하려고 하나 표현이 제한적	공감 시도 거의 없음.	
메시지 전달 효과	명확·논리적 전달	핵심 모호, 설명 장황	전달 불명확, 혼란 초래	
갈등 조율 능력	감정 조절 + 중립 해결안 제시	노력하나 완성도 낮음.	감정적 반응, 해결 회피	
협력적 소통	적극 공유 ·팀 성과 향상	참여하나 능동성 부족	소극적, 공유 거의 없음.	

총점: ___ / 20점

⑩ 도전정신

CREDECA는 도전정신을 실패를 두려워하지 않고 새로운 시도를 지속하며 목표를 향해 나아가는 태도로 정의한다. 혁신은 한 번의 성공이 아닌 수많은 실패와 개선의 반복 속에서 탄생한다는 믿음은 CREDECA가 지향하는 교육의 핵심 가치이다.

학생 활동 사례

교사 평가 예시

실패를 기회로 보는 태도	학생들은 로봇 제작의 실패를 단순한 좌절로 끝내지 않고, 발표회에서 오히려 실패 과정과 교훈을 중심으로 공유했다. 이는 결과보다 과정을 중시하는 태도이자, 실패를 성장의 자산으로 전환하는 도전정신의 전형적인 모습이다.
재도전의 실행력	'배추 농사' 프로젝트를 실패했지만, 학생들은 그대로 포기하지 않고 병충해 관리법을 조사하며 재도전 계획을 세웠다. 이는 어려움 속에서도 개선책을 찾고, 다시 시도하려는 실천적 의지를 잘 보여준다.
장기적 목표 유지력	학생들은 로봇 제작의 궁극적 목표를 완벽하게 성능을 구현하는 데 두지 않고, 끊임없는 개선을 통한 학습으로 재정의했다. 농사 프로젝트에서도 단기 성과보다 지속 가능

	한 재배 방안을 찾는 방향으로 나아갔다. 이는 단기 실패에 좌절하지 않고, 장기적 성장과 학습을 이어가는 힘을 보여준다.
종합 평가	이 학생들은 실패를 두려워하지 않고, 좌절의 순간을 학습과 성장의 기회로 삼는 태도를 보여주었다. 결과물을 도출하고 제출했을 뿐 아니라 실패 이후 어떤 식으로 행동하는 것이 중요한지를 몸소 실천한 사례다. 이는 CREDECA 도전 정신의 핵심인 회복탄력성, 개선 의지, 재도전의 힘을 잘 보여주는 모범적 학습 경험이라고 평가할 수 있다.

재도전 여부, 개선 노력, 장기적 목표 유지력, 재도전 횟수, 개선 노력, 장기 목표의 지속성을 평가한다.

루브릭 평가 예시

평가 항목	5점(탁월)	3점(보통)	1점(미흡)	학생 평가
재도전 여부	실패 후 즉시 재도전	재도전 시도함.	재도전 거의 없음.	
개선 노력	원인 분석 + 개선 적용	개선 노력 일부 있음.	개선 시도 거의 없음.	

실패 수용 태도	실패를 기회로 해석	실패 수용하나 소극적	실패 회피 ·두려움 큼.	
재도전 실행력	계획 수립 후 꾸준히 실행	실행했으나 지속성 부족	실행하지 않거나 포기	
장기 목표 유지력	장기 목표를 변함없이 유지	목표 유지하나 흔들림 있음	목표 포기 ·유지 불가	

총점: __ / 20점

국제적 정합성과 활용성

CREDECA가 정의한 10대 역량은 세계경제포럼(WEF), 경제협력개발기구(OECD), 유네스코(UNESCO) 등 국제기구가 공통으로 제시하는 미래 핵심역량과 거의 일치한다. 이는 CREDECA가 특정 국가의 입시 편의를 위해 설계된 지엽적인 모델이 아니라 인류 보편의 성장을 지향하는 글로벌 교육 표준임을 말해준다. 따라서 CREDECA 역량 보고서는 해외 명문대학 입학이나 글로벌 기업 채용 시에도 공신력 있는 국제 인증서로 활용될 수 있다. 이는 한국 학생이 세계무대에서 경쟁할 수 있는 '역량 기반 이력서'로 기능할 수 있음을 의미한다.

수능의 종식과 대학 입시의 새로운 모델

수능의 종식 이후 대책

수능의 종식 이후 CREDECA가 제시하는 새로운 대입 모델은 학교생활기록부의 내실화와 AI 기반 역량 평가이다. 이는 대학별로 공정하고 미래지향적인 입시 모델을 자율적으로 수립할 수 있다는 전제에서 출발한다.

일시에 수능을 폐지할 경우 학부모와 학교, 사회 전반이 혼란을 겪을 수 있다. 수능은 그간 학력이라는 관점에서 최소한의 객관적 공정성을 담보해온 틀이었다. 만약 이 기준이 사라진 뒤, 신뢰할 만한 새로운 잣대를 마련하지 못한다면 입시는 순식간에 커다란 혼란에 직면할 것이다. 대학마다 제각각의 평가 방식을 도입할 수밖에 없으니 지역이나 학교별 편차가 커지게 되고, '누가, 어떤 이유로 합격했는지'가 불투명해져 국민적 신뢰는 무너질 수밖에 없다. 그 순간, 입시는 단순한 선발 절차가 아니라 사회적 갈등의 뇌관이 될 수 있다.

더 큰 문제는 이 혼란이 단지 제도상의 불편함으로 끝나지 않는다는 점이다. 불확실한 평가 기준은 학생과 학부모의 불안을 가중시키고, 이 불안은 다시 사교육 시장의 팽창과 경쟁 과열로 이어진다. 결과적으로 '수능 폐지'라는 개혁이 '입시 혼돈'이라는 부작용으로 퇴색될 우려가 있다. 따라서 지금이 바로, 공정성과 미래 지향성을 동시에 담보할 수 있는 새로운 입시 모델을 설계해야 할 시점이다. AI 시대에 걸맞은 교육의 길로 나아가야만 하기 때문이다.

입시의 새 기준 - 점수에서 역량으로

미래 사회가 원하는 인재상은 더 이상 많은 지식을 암기한 학생이 아니다. AI가 단 몇 초 만에 방대한 데이터를 정리하고 계산과 분석을 대신하는 시대에 암기식 지식은 누구나 손가락만 움직이면 즉시 불러올 수 있는 소모품과 같다.

미래 사회가 원하는 인재는 문제를 새롭게 정의하고 해결책을 설계할 줄 아는 사람, 다양한 배경의 사람들과 협력하며 성과를 내는 사람, 기존에 없던 가치를 창조하는 사람이다. 따라서 대학 입시의 새로운 기준 역시 점수를 받는 능력에서 '세상을 움직이는 역량'으로 이동해야 한다.

이러한 변화는 평가 방식의 개편만으로는 부족하다. 교육의 목표를 다시 세워야 한다. CREDECA의 10대 역량은 그 목표를 가장 구체적이고 균형 있게 제시하고 있다. 이 모델은 교육의 궁극적 목표를 창의와 창조에 둔다는 점에서 교육학의 흐름과 국제적 기준과도 부합한다.

CREDECA가 제시하는 10대 역량은 창의력, 문제 발견력 및 해결력, 협업 능력, 표현력, 융합 능력(STEAM), 논리적 사고력(비판·유연한 사고), 자기주도성, 디지털 리터러시, 소통 능력, 도전 정신이다. 이 역량들은 서로 유기적으로 연결되어 작동하며, 학생이 어떤 환경에서도 스스로 배우고 빠르게 적응하여 성과를 만들어내는 힘을 길러준다.

입시가 이 10대 역량을 평가의 중심으로 삼을 때, 대학 입학 사정은 성적순으로 줄 세우기가 아니라 대학과 사회에서 더 크게 성장할 수 있는 잠재력을 가려내는 과정이 된다. 이것이야말로 수능 폐지 이후, 공정성과 미래 지향성을 동시에 확보할 수 있는 유일하고도 확실한 길이다.

CREDECA가 제시하는 AI 역량 평가 입시 모델

생활기록부 기반 평가는 일부 대학들이 이미 노하우를 축적하며 진행하고 있다. 따라서 필자는 우리나라 교육을 AI 시대에 대응하는 근본적 대책인 CREDECA에서 찾으면 성공할 수 있다는 확신이 있다. 수능 폐지 이후, 대학 입시의 새로운 신뢰 기반은 '생활기록부(기록)+AI 분석(검증)' 모델에 있다. 이 모델은 학생의 역량을 12년이라는 기간 동안 장기적, 다각도로 검증한다는 점에서 단 한 번의 시험 점수로 모든 것이 결정되는 기존 제도의 한계를 완벽히 넘어선다.

첫째, 생활기록부는 초등학교 1학년부터 고등학교 3학년까지 교과·비교과 활동을 교사가 직접 관찰하고 기록한, 학생의 실제 성장 기록이다. 여기에는 성적뿐 아니라 프로젝트 수행 과정, 동아리·봉사 활동, 협력 태도, 문제해결 시도 등 학교에서 발현된 모든 역량이 담겨 있다.

둘째, AI 분석은 이 방대한 데이터를 공정하고 객관적으로 가공한다. AI는 교사의 서술형 평가를 분석해 주관적 편향을 줄이고, 활동 데이터를 역량 지표와 매칭하여 정량화한다. 또한 연도별 성장 곡선, 활동 지속성, 협업 네트워크 등을 수치와 시각 자료로 제시하여 성취의 '결과'보다 발전의 '과정'을 뚜렷하게 보여준다.

셋째, 대학 맞춤형 선발이 가능해진다. 각 대학은 전공 특성에 맞춰 '우리가 찾는 인재상'을 구체적으로 설정할 수 있다. 예를 들어, 공대는 문제해결력·논리적 사고력·도전정신을, 예술대는 창의력·표현력·융합능력을, 의대는 공감 능력·협업 능력·자기주도성을 중점적으로 반영하는 식이다.

AI 분석 시스템은 생활기록부 데이터를 해당 지표에 맞춰 가공해, 대학이 원하는 학생을 정확하고 투명하게 선발하도록 돕는다. 이 모델이 실현되면 입시는 단 한 번의 시험으로 결정되는 비정한 경쟁이 아니라 12년의 배움 전체를 인정받는 공정한 장이 된다. 시험 잘 치는 사람이 아닌, '꾸준히 배우고 성장한 사람'이 빛을 보게 되는 것이다. 이것이야말로 AI 시대에 걸맞은, 그리고 학생·학부모·대학 모두가 신뢰할 수 있는 새로운 입시 표준이라 할 수 있다. 물론 이를 위해서는 학생생활기록부 기재 방식에 대한 사회적 합의와 지속적인 제도 보완이 병행되어야 한다.

CREDECA AI 역량 평가 – 현 생활기록부 기반 모델(예시1)

전면적인 역량 평가가 어렵다면 현재의 생활기록부(생기부)를 최대한 활용하며 평가 모델을 단계적으로 혁신해나갈 수 있다. 기존 생기부가 활동을 나열하는 식이었다면, CREDECA 모델은 과정과 역량 변화를 정밀하게 기록하고 분석하는 방향으로 확장된다.

모델 혁신의 방향: '나열'에서 '정밀 분석'으로

단계	기존 모델(단순 나열)	CREDECA 진화 모델(분석 기반)
기록 대상	활동 사실, 결과물 위주 예) 봉사 20시간	프로젝트 수행 과정, 실패와 재도전 시퀀스, 협력 역할

평가 기준	양적 충실도, 단순 참여 여부	CREDECA 10대 역량과의 연결성, 역량 성장 곡선
활용 도구	교사 관찰 및 수기 기록	교사 관찰 기록 + AI 분석 시스템(객관화, 정량화)

주체별 역할의 변화와 AI 혁신 목표

주체	역할(기존 생기부 활용)	AI 혁신 목표
학생	활동 관찰 및 서술형 기록 (학생의 역량이 드러나는 행동 상세 기술)	자기성찰 보고서를 통해 활동 속 역량 발현 시점 명확히 제시
교사	활동 관찰 및 서술형 기록 (학생의 역량이 드러나는 행동 상세 기술)	AI 피드백을 통해 서술 편향을 줄이고 기록의 객관성을 강화
AI 시스템	교사의 서술형 기록을 분석하여 CREDECA 10대 역량에 매핑하고 정량화	역량별 성장 추이, 활동 지속성, 협업 네트워크 등 시각적 데이터 제공

입시 모델의 핵심 구조: 5대 핵심 영역 중심 평가

CREDECA는 현재의 생기부를 활용하면서도 학생의 잠재력을 측정하는 5대 핵심 영역을 설정하여 평가의 정밀도를 높인다.

평가 항목	평가 내용
학업 역량	심화 탐구 능력, 복합 문제해결력, 융합적 사고를 평가
창의 역량	독창적인 아이디어 창출과 이를 실현하기 위한 프로젝트 설계·실행 능력 측정
협업·소통 역량	팀 프로젝트에서의 역할 분담, 위기 상황에서의 리더십, 갈등 발생 시 조율 능력까지 세부적으로 관찰
자기주도성	스스로 목표를 세우고, 계획을 실행하며, 과정 속에서 자기성찰을 통해 발전한 기록을 중점적으로 관찰
사회 참여 역량	봉사와 지역사회 기여뿐 아니라 국제 프로젝트와 글로벌 활동을 통한 시야 확장을 평가

이러한 단계적 혁신은 생기부 기반 평가의 주관성과 투명성 문제를 해결하는 열쇠가 된다. CREDECA가 제안하는 이 모델은 미래 사회가 요구하는 역량을 가장 과학적으로 측정하며 대한민국 대학 입시의 성공적인 전환을 이끌어갈 표준이 될 것이다.

공정성과 신뢰를 높이는 장치

CREDECA 생기부 기반 AI 역량 평가 모델이 성공적으로 정착하기 위해서는 투명성과 검증 가능성이 반드시 전제되어야 한다. 이를 위해 다음과 같은 제도적, 기술적 안전장치를 구축한다.

1) 다중 평가자 시스템

한 학생의 기록이 특정 교사의 주관에 치우치지 않도록 평가 구조를 다각화한다. 담임교사뿐 아니라 교과 담당, 비교과 활동 담당 교사 등 여러 평가자가 학생의 성장을 공동으로 기록한다. 이렇게 하면 특정 교사와의 관계나 개인적 호불호가 결과에 미치는 영향을 최소화할 수 있다.

2) AI-인간 결합 하이브리드 평가

데이터의 정밀함과 인간의 통찰력을 결합하여 평가의 완성도를 높인다. AI가 데이터를 분석하여 정량 지표와 행동 패턴을 도출하면, 이를 토대로 교사와 대학 평가위원이 정성적 판단을 보완한다. AI가 놓칠 수 있는 학생의 맥락(개인 사정, 장기적 태도 변화, 창의적 시도 등)을 직접 확인하여 정밀한 종합 평가를 완성한다.

3) 블록체인 기반 데이터 검증 및 이력 관리

기록의 신뢰성을 담보하기 위해 최첨단 기술을 도입한다. 생기부의 모든 수정, 추가, 삭제 내역을 블록체인 기반 로그로 남겨 사후 검증이 가능하게 한다. 평가 데이터의 수정 이력을 투명하게 관리함으로써 기록 조작의 가능성을 원천적으로 차단하는 것이다.

4) 학생·학부모 실시간 피드백 시스템

평가 과정을 투명하게 공개하여 수용성을 높인다. 학생과 학부모는 AI 분석 결과를 실시간으로 확인하고, 기록의 누락이나 오해가 있을 경우 보완을 요청할 수 있다. 이는 학생이 자신의 성장 과정을 스스로 모니터링하고 관리하는 자기주도학습 문화를 형성하는 토대가 된다.

5) 국가 표준 평가 지표 제정

평가 기준의 파편화를 막고 전국 단위의 형평성을 확보한다. 국가 차원에서 CREDECA 10대 역량에 기반한 표준화된 평가 지표를 제정하여 지역, 학교 간 격차를 해소한다. 각 대학은 국가 표준 지표를 기반으로 전공 특성에 맞춰 가중치를 부여함으로써 선발의 자율성을 유지한다.

이러한 장치들이 유기적으로 작동하면, 생활기록부와 AI 역량 평가 결합 모델은 정치적 환경 변화나 지역적 격차에 흔들리지 않는 견고한 입시 제도로 자리 잡을 수 있다. 학생은 오랜 시간 축적해온 노력의 과정을 인정받고, 대학은 미래 사회에 필요한 인재를 정확히 선발하며, 사회는 공정하고 투명한 교육 생태계를 얻게 되는 것이다.

새로운 입시 절차 시뮬레이션

이 시뮬레이션은 점수 위주의 선발에서 벗어나 학생의 전인적 성장과 미래 가능성을 중심으로 한 CREDECA 입시 모델이 어떻게 작동하는지 보여준다. 가상 학생을 대상으로 현재 생활기록부를 기초로 하여 교과 및 비교과 활동을 모두 평가한 시뮬레이션이다.

이름	김하린(가명, 고3, 인문사회 계열 지원)
특징	창의력과 소통 능력이 뛰어나며, 지속적인 사회문제 해결 프로젝트에 참여
목표 대학/학과	서울 소재 S대 / 국제개발학과

CREDECA 입시 6단계 프로세스

■ 1단계: 생활기록부 데이터 수집(초1~고3)

교과 성취도　점수 외 '탐구 태도', '비판적 사고 과정', '팀 기여도'가 상

세히 기록됨.

비교과 활동 초등 5학년 때부터 매년 마을 환경 개선 캠페인 참여, 중학교 때 다문화 가정 멘토링 봉사, 고등학교 때 학교 모의유엔회의 기획 및 운영

특이 기록 영어·프랑스어로 발표, 정책 제안서 작성 경험 등

■ **2단계: AI 데이터 분석 및 역량 지수 도출**

창의력 지수(92/100) 새로운 아이디어 제안 빈도, 문제해결 방식의 다양성 분석

소통 능력 지수(95/100) 다문화 프로젝트 참여도, 외국어 활용 능력, 발표 평가 점수 기반

자기주도성 지수(88/100) 프로젝트 기획·운영 횟수 및 주도적 참여 비율

성장 곡선 중학교 2학년 이후 역량 지표가 꾸준히 상승하여 최근 3년간 급격히 향상됨을 시각화

■ **3단계: 대학 맞춤형 역량 매칭**

S대 국제개발학과 인재상 글로벌 소통, 문제해결, 지속 가능성에 대한 관심

매칭 결과　AI 분석 결과, 김하린 학생의 역량 프로필은 학과 요구 역
량과 85% 이상 일치

■ 4단계: 다중 평가자 검증

교사 공동 평가　학급 담임, 동아리 지도교사, 프로젝트 멘토 교사 3인
이 공동으로 정성 평가 수행

외부 전문가 평가　국제 NGO 활동 경험이 있는 외부 위원이 프로젝
트 결과물을 검토하여 AI 추천과 사람의 맥락적 판단을 결합한 최종
역량 점수 확정

■ 5단계: 데이터 기반 심층 면접

심층 면접　면접관 3인 중 1인은 AI 분석의 장기 추적 분석 결과를 실
시간으로 참고하여 부정 방지 및 신뢰성 확보

질문 예시　"탄소 중립을 위해 국제 협력에서 가장 시급한 과제는 무
엇인가?", "프로젝트 중 예상치 못한 갈등 발생 시 어떻게 해결했
나?" 등 학생의 실제 기록에 기반한 심층 질문. 면접 후 평가위원단
이 AI 데이터와 면접 응답을 종합해 최종 점수 산출

■ 6단계: 최종 합격 발표 및 사유 공개

평가 요소 반영 비율　생활기록부+AI 분석 60%, 면접 30%, 포트폴리오·추천서 10%

최종 결과　S대 국제개발학과 최종 합격

합격 사유 공개　대학은 학생과 학부모에게 합격 사유를 공개하며 "다문화 환경 속 뛰어난 문제해결력과 소통 능력이 대학이 요구하는 인재상과 높은 적합성을 보였다."고 명시

CREDECA 대학 선발 구조 설계

앞으로의 대학 입시는 누가 더 많이 아는가를 겨루는 지식 시험에서 누가 더 잘 배우고, 협력하며, 새로운 가치를 만들어내는가를 가늠하는 무대가 되어야 한다. CREDECA 대학 선발 구조는 이를 실현하기 위해 다음과 같은 3단계로 설계된다.

1단계: 기본 역량 평가(50%) – AI 시대 필수 10대 역량의 점수화

항목	내용
평가 내용	창의력, 문제 발견력 및 해결력, 협업 능력, 표현력, 융합 능력(STEAM), 논리적 사고력(비판·유연 사고), 자기주도성, 디지털 리터러시, 소통 능력(감정 조절·공감·글로벌 스탠다드), 도전정신(회복탄력성·실천력) 등 10대 역량 전체
평가 방식	12년간의 생활기록부 기반 장기 관찰 데이터와 AI 분석을 통해 객관적으로 점수화
의미	학생의 잠재력과 장기적 성장 과정을 반영하여 단기 성적 편차나 컨디션에 좌우되지 않음.
신뢰 장치	AI의 표준화 분석으로 지역·학교 간 평가 편차를 최소화

2단계: 전공 적합성 평가(30%) – 대학·학과별 맞춤형 역량 검증

평가 항목	내용
평가 내용	해당 전공에 필요한 심화 탐구력, 실험·프로젝트 경험, 융합 적용 능력
평가 방식	대학이 사전 공개한 핵심역량 지표에 맞춰 생활기록부 속 관련 활동과 프로젝트 결과물 포트폴리오를 평가
의미	학생이 '전공에 적합한 인재'인지 장기 활동 기록과 실질적인 성과를 통해 판단
신뢰 장치	AI 기반 이력 검증으로 조작 가능성을 원천적으로 차단

3단계: AI·대학 공동 면접(20%) – 실전 역량 실시간 검증

평가 항목	내용
평가 내용	즉석 문제해결력, 협업 태도, 의사소통력, 논리적 사고 과정
평가 방식	AI가 제시하는 실전형 과제(예: 사회문제 해결, 전공 관련 시뮬레이션)를 팀 단위로 수행, 대학 교수와 AI가 공동 채점(발언 기여도, 창의성, 협업 태도 등)
의미	서류와 기록에서 보이지 않는 '현장 대응력' 검증
신뢰 장치	면접 전 과정을 녹화·분석하고, AI의 정량 채점과 인간의 정성 평가를 결합

이 모델은 '장기 데이터＋AI분석＋현장 검증'의 삼중 구조를 통해 평가 편향을 최소화해 공정성를 강화할 수 있다. 또한 단기 시험 점수보다 장기 역량 개발이 중요해져 불필요한 입시 과목에 대한 사교육 감소 효과를 불러일으킨다. 뿐만 아니라 졸업 후 현장에서 바로 활용 가능한 인재 선발이 가능하여 대학과 사회의 요구를 연결할 수 있다. 이렇게 되면 결과 중심의 점수보다 '역량 성장 곡선'을 관리하도록 교육 현장의 변화를 촉진하게 되어 학생의 성장을 유도할 수 있다.

미래 입시의 핵심 설계 원리(예시 2)

대학 입시 제도의 성공은 두 가지 핵심 가치의 균형에 달려 있다. 하나는 대학이 원하는 인재를 스스로 선발할 수 있는 자율성이고, 다른 하나는 국민 모두가 신뢰할 수 있는 공정성이다. CRE-DECA 입시 모델은 이 두 가치가 충돌하지 않고 상호 보완하도록 설계된다. 각 대학과 학과는 미래 사회와 산업 수요, 학문적 특성에 따라 필요한 역량과 평가 비율을 자율적으로 설정함으로써 인재 선발의 자유를 보장받는다.

대학은 전공별 지표를 사전에 공개하여, 지원자가 자신의 강점에 맞춰 전략적으로 준비할 수 있게 한다. 이렇게 하면 대학의 고유한 색깔과 경쟁력이 살아나고, 점수 위주의 획일적인 선발에서 벗어날 수 있다.

전공 분야별 중점 역량 및 비중 설정 예시

전공 분야	중점 역량 및 비중 설정 방향
공과대학	문제해결력·융합 능력 비중을 높여 기술적 창의성 검증
예술대학	창의력·표현력 비중을 강화하여 독창적 예술성 평가
의과대학	소통 능력·도전정신·협업 능력의 비율을 확대하여 인성 및 실천력 중시

CREDECA 10대 역량을 중심으로 구성된 국가 표준 지표는 모든 대학이 공유하는 평가의 공통 언어가 된다. 각 역량별 정의, 측정 방법, 점수화 기준이 명확히 규정되어 있어 대학 간 결과를 비교할 수 있고, 학생과 학부모에게는 명확한 '준비 로드맵'을 제공한다. 이렇게 되면 평가 과정의 불투명성이 최소화되어, 대학이 자율적으로 비율을 조정하더라도 기본 구조의 일관성이 유지되는 효과가 있다.

공정성 확보 장치-3중 검증 시스템

CREDECA는 평가의 편향을 최소화하고 신뢰를 높이기 위해 다음과 같은 3중 검증 시스템을 가동한다.

AI 분석	전국 단위의 생활기록부 데이터를 AI가 표준화 및 정량화 → 지역·학교 간 평가 편차 보정
교사 다면 평가	한 명의 담임교사가 모든 것을 결정하는 것이 아니라 여러 교과 교사와 비교과 활동 담당자가 참여해 평가의 객관성 확보 → 개인적 호불호나 특정 관계에 의한 평가 편향 최소화
무작위 검증	국가 차원의 샘플 검증단이 무작위로 학생의 기록과 평가 내용을 재점검 → 조작이나 과대평가 시 해당 주체에 불이익을 부과

이러한 3중 검증 체계가 안착되면 대학은 선발의 자율성을, 학생은 과정의 공정성을 확보하는 윈-윈 구조가 형성된다. 또한 평가 기준의 투명성과 안정성이 강화되어 국민적 불신을 해소할 수 있으며 대학별 다양성과 국가 차원의 통일성을 동시에 달성할 수 있다.

학부모·학생·대학 모두가 얻는 이점

기존의 수능 중심 입시는 단 한 번의 시험, 단 몇 시간 안에 학생의 12년 교육과정을 재단했다. 그러나 CREDECA 생기부 기반 AI 역량 평가 모델은 학생이 다양한 시기, 다양한 분야에서 발휘한 모든 재능을 입체적으로 평가에 반영한다.

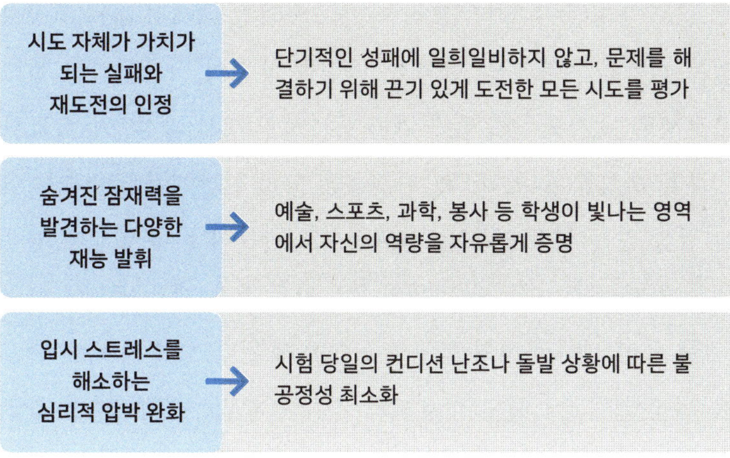

이로써 학생은 단일 점수에 매이지 않고, 자신의 성장을 장기적으로 관리하며 발전시키는 자기주도적학습 태도를 기를 수 있다. 학부모는 아이의 재능이 대학 진학의 무기가 되는 것을 보고 안심할 수 있고, 대학은 수능 점수에 가려졌던 학생의 진정한 잠재력을 발견할 수 있게 된다.

사교육 의존도 감소와 공교육의 신뢰 회복

CREDECA는 입시 평가 모델 이전에 혁신적 교육철학 모델이다. 수능이 단기간의 암기와 점수 올리기로 사교육에 먹잇감을 제공했다면, CREDECA는 10대 핵심역량의 장기적 성장 기록을 요구함으로써 사교육의 접근을 근본적으로 차단한다. 창의성, 협업 능력, 도전정신 등의 역량은 단기간의 학원 컨설팅이나 교재 암기로 결코 형성될 수 없다. 오직 학교 교육과정 내에서 겪는 진정성 있는 실패와 재도전의 시퀀스, 다양한 배경의 학생들과의 협력 프로젝트, 교사의 피드백에 따른 심층적인 개선 과정만이 유효한 기록을 생성할 수 있다. 즉, 사교육은 학교 현장에서 발생하는 이 '진정성 있는 성장 기록'을 인위적으로 만들어낼 수 없기에 경쟁력을 잃게 된다. 이로써 교육의 주도권은 점수 제조 공장이 아닌 '역량 육성 센터'로서의 학교로 돌아오게 된다. 이렇게 되면 사교육 의존도가 감소하고 학부모의 경제적 부담도 완화되며, 학교 교육과정과 생활 속 프로젝트가 입시와 직접 연결되어 공교육의 신뢰도가 상승하게 된다.

대학은 점수형 선발에서 미래형 인재 선발로 전환하게 된다. CREDECA 시스템은 각 학과가 원하는 인재상에 맞춘 정밀한 선발을 가능하게 할 뿐만 아니라 선발 과정에서 이미 자기주도성과 협업 능력이 검증되었기 때문에 입학 후 전공 부적응으로 인한 이탈률이 현저히 감소한다. 졸업 후에도 사회가 요구하는 실전 경쟁력을 갖춘 인재를 배출함으로써 장기적인 교육 성과를 창출하고, 미래 경쟁력을 확보한다.

CREDECA는 교육의 철학적 전환이다. 이제 교육의 중심은 지식을 얼마나 많이 외웠는가가 아니라, 그것을 어떻게 활용하여 세상에 어떤 변화를 만들어내는가로 이동한다. 수능의 시대가 막을 내리고 역량의 시대가 열리고 있다. 학생의 배움이 시험을 잘 치르기 위해서가 아니라 삶의 문제를 해결하기 위해서가 되는 날, 그때가 바로 대한민국 교육이 온전히 회복되는 순간이다. CREDECA는 그 변화를 현실로 만드는 교육 혁명의 이름이다.

CREDECA 도서관
: 학교 혁신의 실험실

지금 우리 아이들에게 필요한 것은 정답이 정해진 문제풀이가
아니다. 스스로 문제를 발견하고 해결할 수 있는 자유로운 공간
과 자신의 성장을 증명할 객관적인 데이터이다.
도서관이라는 물리적 공간이 인공지능(AI) 기술과 만나 우리 아
이들의 생활기록부를 바꾸고, 나아가 국가 경쟁력을 강화하는
전초기지가 되는 과정을 살펴본다.

"도서관, 책의 무덤에서 역량 융합 공간으로!"

왜 도서관인가

AI 시대 학교 도서관의 역할과 한계

필자는 재직 시 문득, '우리 학교 도서관이 과연 AI 시대에 걸맞은 공간인가?'라는 의문을 가진 적이 있다. 이 고민은 CREDECA를 접하며 학교 도서관의 새로운 가능성에 주목하는 계기가 되었다. 학교 전체를 CREDECA 철학으로 바꾸는 첫걸음으로 도서관을 선택한 것은 결코 우연이 아니다.

도서관은 정숙한 분위기에서 정보를 수집하고, 독서를 통해 생각을 쌓아가는 중요한 공간이다. 물론 이 역할은 여전히 중요하지만 그것만으로는 부족한 시대가 되었다. 단순히 읽는 것만으로는 역량이 자라지 않는다. 책에서 배운 내용을 활용하고 적용할 기회가 없으며 읽은 것을 표현하거나 공유할 장치도 부족하다. 더욱이 AI가 모든 지식과 정보를 몇 초 만에 제공하는 시대에 단순한 책의 창고로 머무는 도서관은 크게 의미가 없다. 물론 책은 언제나 교육의 중심이 되어야 하지만, AI 시대의 배움은 더 이상 텍스트에만 머물 수 없다. 지식은 디지털로 쉽게 검색되고, 정보는 스마트폰이 더 빠르게 제공하며, 학생들은 책보다 영상과 체험을 선호하는 흐름이다. 이러한 변화 속에서 도서관은 '이제 무엇을 위한 공간이어야 하는가?'라는 질문에 직면해 있다.

도서관, CREDECA 실천을 위한 최적의 실험실

앞에서 살펴본 CREDECA의 철학과 평가 체계가 완성되기 위해서는 학교 현장에서 실천되어야 한다. 그 최적의 무대가 바로 '도서관'이다. 도서관은 교실과 달리 공간 구성이 유연하여 학습자 중심으로 재구성하기에 용이하다. 즉, 조용히 책만 읽는 공간에서 생각을 나누고 실험하며 창조가 이루어지는 능동적 학습의 거점으로 전환될 수 있다.

CREDECA 도서관은 공간 혁신뿐 아니라 학교 내 창의적 학습 생태계의 중심으로 기능한다. 이곳에서 학생들은 책을 읽고 토론하며 데이터를 분석하고 프로젝트를 수행하며 역량을 실제로 체득하게 된다. 결국, CREDECA 도서관은 책을 쌓아두는 공간이 아니라 AI 시대를 살아갈 힘을 기르는, 살아있는 배움터이다.

읽는 공간에서 창작 공간으로 - 혁신의 구체적 가능성

CREDECA 혁신의 시작은 '학습 공간의 재정의'에 있다. 교실은 지금도 여전히 칠판과 책상 중심의 폐쇄된 구조로 되어 있다. 도서관은 이러한 폐쇄된 구조를 넘어설 수 있는 잠재력을 지닌 공간이다. 책을 읽는 공간이면서 동시에 생각을 나누고, 실험하고, 창조하는 공간이 될 수 있다.

공간과 활동의 유연성: 프로젝트의 허브

도서관은 교실보다 유연한 공간 혁신이 가능하며 정보 접근성과 다양성 확보, 융합적 탐구와 실험적 학습의 장, 실패를 허용하는 안전한 실험 공간, 지역사회와 연결되는 거점이 될 수 있다. 정규 수업이 이루어지는 교실에 비해 도서관은 비교적 자유롭게 배치와 활용 방식을 바꿀 수 있다. 필요에 따라 프로젝트존(팀별 문제 해결), 토론·세미나존(협력과 소통), 메이킹존(실험·창작) 등으로 활용할 수 있다.

사서교사의 역할 변화: 관리자에서 프로젝트 촉진자로

사서교사는 성적이나 수능의 압박에서 비교적 자유로운 위치에서 학생과 소통할 수 있다. 그러다 보니 학생의 흥미와 탐구, 자기주도성을 존중하는 열린 태도를 지니고 있다. CREDECA는 이 점을 활용해 사서교사가 자료 관리인에서 학습 코치, 프로젝트 촉진자로 전환되도록 돕는다. 이는 교실 중심의 수업에서 얻기 어려운 혁신적 가능성을 보여준다.

서울 D중학교 사서교사는, "도서관은 교과의 경계가 없는 곳이에요. 문학에서 과학으로, 기술에서 예술로 자연스럽게 넘어갈 수 있죠. CREDECA의 '융합적 사고'가 실현되기에 이보다 좋은 공간은 없습니다."라고 말했다.

▶ 실패를 통한 학습의 장

학교 수업은 국어·영어·수학 같은 과목으로 나누어져 있지만, 도서관은 경계를 허물고 통합적 탐구를 시도할 수 있는 공간이다. 교실에서의 실패는 곧 성적의 하락으로 직결된다면, 도서관은 상대적으로 그 부담에서 자유롭다. 따라서 학생들은 새로운 시도와 도전을 두려워하지 않고, 실패를 통한 학습(Fail & Learn)을 경험할 수 있다. 이 점에서 도서관은 실험적 교육철학을 안전하게 적용할 수 있는 실험실이 될 수 있다.

CREDECA 도서관은 학생들이 문제를 발견하고 데이터를 탐색하며 협력 속에서 가치를 창조하는 '창의적 실험실'이다. 교실이 지식을 받아들이는 공간이라면, 도서관은 그 지식을 도구 삼아 세상을 변화시키는 법을 익히는 공간인 셈이다.

도서관의 전환
: 융합형 학습의 허브

미래형 도서관은 '배움의 실험실'

CREDECA 도서관은 교육 패러다임의 변화를 선도한다. 전통적으로 학교 도서관은 정숙한 분위기에서 지식을 소비하는 공간이었다면, AI 시대의 도서관은 지식을 생산하고 창조하며 활용하는 체험의 공간으로 전환되어야 한다. 책을 읽고, 읽은 내용을 바탕으로 질문을 던지고, 그것을 프로젝트로 확장한다. 나아가 AI와 코딩 기술을 활용해 자신의 아이디어를 현실화하는 융합형 학습의 허브가 되어야 한다.

미래형 도서관은, '읽기 → 생각하기 → 만들기 → 나누기'의 흐름이 자연스럽게 이루어지는 지적 창작 생태계로 진화해야 한다. 이렇게 되면 학생들은 교과 수업에서 놓친 창의적 질문, 정답 중심 시험에서 다루지 못한 탐구 활동, 토론·실험·제작 활동을 성적에 대한 부담 없이 자발적, 주도적으로 참여할 수 있다. 도서 관이 실패가 허용되는 공간이며 상상과 실천이 만나는 역량 성장 의 놀이터가 되는 것이다.

이런 의미에서 CREDECA는 도서관을 다음과 같이 새롭게 정 의한다.

구분	기존 도서관	CREDECA 도서관
활동	책을 읽는 공간	책과 실천이 연결되는 창작 공간
분위기	조용한 정적 공간	몰입과 토론, 창작이 살아있는 역동적 공간
학습 형태	개별 학습	협업과 팀 기반의 프로젝트 수행
목표	정보 수집 및 습득	문제 발견과 해결을 위한 시뮬레이션

CREDECA 도서관은 AI 도구를 활용해 질문을 탐색하고, 책에서 배운 개념을 실제 프로젝트로 확장하며, 코딩과 창작 활동으로 학생들의 아이디어를 구체적인 결과물로 실현시킨다. 결론적으 로, AI 시대 도서관은 책을 보관하는 공간에서 '생각을 키우고 미 래 역량을 주조하는 공간'으로 탈바꿈해야 한다.

'읽는' 도서관에서 '체험하는' 도서관으로

'체험하는 도서관'은 체험 프로그램이 많은 도서관이 아니다. 책에서 얻은 생각을 실제로 구현하고 사람과 소통하며 스스로 도전하는 공간을 말한다.

독서 후 활동도 독서감상문 외에, 책의 내용을 데이터로 분석하거나 인공지능을 활용해 스토리 확장 프로젝트를 진행할 수 있다. 학생들이 『걸리버 여행기』를 읽었다면, 'AI 윤리와 인간의 자율성'을 주제로 토론하고 이를 바탕으로 AI 캐릭터의 윤리적 선택을 시뮬레이션하는 코딩 프로그램을 제작할 수 있다. 이 과정에서 학생들은 창의력, 데이터 리터러시, 윤리적 사고, 협업 역량을 자연스럽게 습득한다. 또 과학 수업에서 '지렛대의 원리'를 배웠다면, AI를 활용해 과학적 원리를 분석해보고, 이를 토대로 실제 장치로 만들어볼 수 있다. 이와 같이 CREDECA 도서관은 '독서 → 탐구 → 창작 → 공유'의 순환이 일어나는 동적인 공간이다.

구체적으로 예를 들어 살펴보자. CREDECA 도서관에서 '우리 마을 미세먼지 해결 프로젝트'를 주제로 한 활동을 진행한다면, 학생들의 활동과 AI의 역할, 그리고 그 과정은 다음과 같이 기록되고 활용된다.

Step1 독서 | AI 큐레이션을 통한 지식 발견
(자기주도성 및 디지털 리터러시)

학생이 도서관 내 AI 키오스크에 '기후위기'라는 키워드를 입력하면, AI는 관련 도서 목록을 쭉 나열하기보다 학생의 관심사, 학습 이력, 진로 목표를 분석하여 [과학: 미세먼지 성분], [사회: 환경 불평등], [기술: 공기정화 원리] 등 다학제적 도서를 추천한다.

Step 2 탐구 코딩과 텍스트의 결합을 통한 논리 정교화 (융합 능력(STEAM))

도서관 메이커스페이스에서 학생들은 책에서 얻은 아이디어나 데이터를 코딩을 통해 시뮬레이션하거나 시각화한다. 수집한 데이터를 분석하고, 학생이 파이썬(Python) 코딩을 통해 도서관 주변의 미세먼지 수치를 시각화할 때, AI는 코딩 오류를 피드백하거나 더 효율적인 알고리즘을 조언한다. 학생은 이를 반영해 실제 기술과 접목해 문제를 해결하려 노력한다. 학생들의 이러한 시도는 AI 시스템에 의해 'STEAM 기반 융합 능력' 데이터로 전환된다.

Step 3 창작 실전 문제해결형 워크숍 (창의력, 문제 발견 및 해결력, 도전정신)

학생들은 책에서 배운 원리나 여러 가지 법칙 등을 활용해 '공기정화 장치'를 직접 설계하고 제작한다. 수차례의 실패(시행착오)를 겪으며 장치를 개선하는 과정은 AI 시스템에서 '회복탄력성'과 '실전 문제해결력'으로 높게 평가된다.

Step 5 공유 팀 기반 프로젝트의 완성 (협업 능력, 소통 능력, 표현력)

학생들은 제작한 산출물과 탐구 과정을 팀원들과 공유하고, '우리 마을 미세먼지 해결 프로젝트'를 공동의 독서 프로젝트 보고서로 완성한 다음 결과물을 발표한다. AI는 이 과정에서 학생이 팀원에게 준 피드백의 질, 갈등 조정 역할 등을 분석하여 '공동체 역량' 지표를 산출한다.

이 순환 구조는 단순한 체험 학습이 아니다. 학생이 도서관이라는 플랫폼 안에서 남긴 모든 발자국(로그 데이터)은 CREDECA AI에 의해 분석되어 주관적 편견이 배제된 가장 객관적인 역량 증빙 자료가 된다.

CREDECA 도서관은 이렇게 '독서 → 탐구 → 창작 → 공유'의 순환 구조를 갖춰 학생들이 단순히 책을 읽는 독자에서 데이터를 분석하고 의미를 재구성하는 '창의적 생산자'로 성장하도록 돕는다. 즉, 독서가 행동으로 확장되고, 학생들의 상상이 결과물로 실현되는 공간이 되는 것이다.

AI·코딩·융합 프로젝트의
실제 사례

사례1 - AI코딩골드버그 창작 활동 중심 도서관

"도서관이 창작의 진원지가 될 수 있을까?" 그렇다. CREDECA는 이 질문에 확신을 가지고 답한다. 학생들이 함께 만들고, 실패하고, 웃으며 배우는 곳. AI코딩골드버그 창작 활동 중심 도서관은 학생들의 창의력과 사고력, 협업 능력을 일상적으로 키우는 체계적인 창작 프로그램이 운영되는 공간이다. CREDECA는 이 공간을 책과 생각이 연결되고, 기술과 손이 함께 움직이며, 아이의 생각이 작품으로 드러나는 진짜 융합 교육 공간으로 탈바꿈시킨다.

CREDECA 도서관은 **지식의 순환**을 목적으로 한다. 지식(책)이 들어와서 논리(코딩)를 거쳐 실체(골드버그 장치)로 구현되고, 다시 사회적 가치(발표)로 공유되는 흐름이다. CREDECA 도서관은 이 흐름이 끊기지 않도록 공간을 체계적으로 분할하여 하나의 창의적 흐름으로 경험할 수 있게 한다.

CREDECA 도서관의 영역 구성과 주요 활동은 다음과 같다.

| AI코딩골드버그 도서관 공간 영역 구성 |

영역	주요 활동	핵심역량
아이디어존 (질문을 찾는 곳)	■ AI 도서 큐레이션 키오스크와 융합 도서 배치 ■ 자신의 진로와 연계된 도서 탐색, 프로젝트 주제 설정 ■ 정답을 찾기보다 '나만의 질문'을 만드는 개방형 공간	자기주도성, 창의력
제작존 (원리를 깨닫는 곳)	■ 골드버그 장치 제작 ■ 각종 도구와 재료가 구비된 메이커스페이스 운영 ■ 책 속의 과학적 원리(지렛대, 도르래 등)를 활용해 기계 장치 설계 ■ 수많은 시행착오를 거치며 상상을 실체로 만드는 연습장	문제해결력, 도전정신
코딩존 (지능을 더하는 곳)	■ 센서 제어, 데이터 분석 ■ 노트북, 태블릿, 각종 센서와 마이크로 컨트롤러가 구비된 디지털 작업 공간 ■ 골드버그 장치가 센서와 데이터에 반응하도록 프로그래밍 ■ 책 속의 데이터를 시각화하거나 시뮬레이션하는 논리의 실험실	디지털 리터러시, 융합 능력 (STEAM)

발표존 (가치를 나누는 곳)	■ 결과 발표, 팀 토론 ■ 소규모 무대와 스크린, 협업용 테이블이 마련된 소통의 공간 ■ 프로젝트 제작 동기, 어려움 극복 과정 등을 팀별로 발표하고 공유 ■ 서로 피드백을 주고받으며 프로젝트의 가치를 확장하는 민주적 토론장	소통 능력, 표현력, 협업 능력
관찰과 기록존 (나를 발견하는 곳)	■ 활동 기록, AI 평가 ■ 카메라, 녹화 장비, AI 분석 터미널이 상시 가동되어 데이터가 역량이 되는 영역 ■ 시행착오, 토론 내용, 산출물 등 프로젝트 전 과정을 기록하고 성찰일지 작성 ■ CREDECA AI가 기록을 분석하여 학생의 객관적 역량 점수(ACS)를 산출	논리적 사고력, 자기주도성

이 다섯 가지 영역이 유기적으로 연결될 때, 도서관은 '인생의 포트폴리오'가 만들어지는 가장 공정한 평가장이 된다.

▶ 활동의 흐름: CREDECA 프로젝트형 수업 예시

학생들은 다음의 6단계 흐름 속에서 CREDECA의 10대 역량을 자연스럽게 키우게 된다.

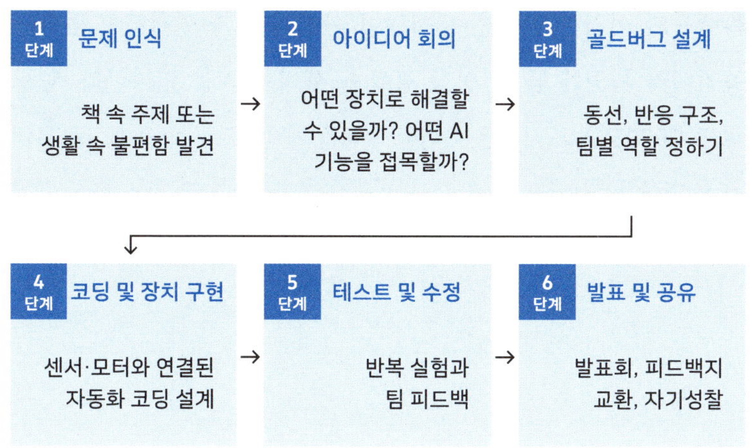

❖ 학생들의 목소리: 성장의 증거

이 수업에 참여한 학생들의 이야기는 CREDECA 도서관이 아이들의 삶에 어떤 변화를 일으키는지 직접적으로 보여준다.

> "책만 읽는 도서관인 줄 알았는데, 여기서 이렇게 직접 만들 수 있어서 좋았어요."
>
> "내 아이디어가 진짜 작동하니까 너무 신기했어요."
>
> "실패해도 선생님이 응원해줘서 다시 해볼 수 있었어요."
>
> "내가 무엇을 잘하고 좋아하는지 도서관에서 알게 됐어요."
>
> "선생님, 저 이거 집에서도 다시 만들어봤어요."
>
> "이 활동하면서 친구랑 진짜 많이 친해졌어요."
>
> "우리 팀 아이디어가 제일 독특해서 뿌듯했어요."

학생들의 이러한 반응은 도서관이 아이의 삶과 연결되고 있다는 증거이자 기억에 남는 '성장 경험'을 했다는 것을 의미한다. 앞으로도 CREDECA 도서관은 이러한 교육을 지속적으로 만들어주는 무대가 될 것이다.

CREDECA 골드버그 장치
: 활동의 실행과 성공 사례

"이제 학생들의 창의력이 움직이기 시작했다."

AI코딩골드버그 창작 세트(CREDECA AI Coding Goldberg Machine Set)를 처음 마주하면 성인들 대부분은 잠시 멈칫한다. 설명서 한 장 없이 놓인 부품들 앞에서 무엇을 어떻게 시작해야 할지 막막함을 느끼기 때문이다.

하지만 아이들은 다르다. 무언가를 만들어보고 싶은 욕구, 새로운 도전에 대한 에너지, 머릿속 상상을 실체로 구현하고자 하는 창의적 본능이 먼저 깨어난다. 바로 이 지점에서 AI코딩골드버그 창작 세트의 진짜 교육적 의미가 시작된다.

융합형 창의 학습 도구로서의 역할

이 교구는 단순한 놀이감을 넘어, 스스로 문제를 정의하고 해결하는 과정을 통해 미래 인재의 핵심역량을 기르는 융합형 창의 학습 도구이다.

학교 활용   도서관, 과학실, 정보실 등에서 STEAM 프로젝트나 팀 기반 문제해결 활동(PBL)에 자연스럽게 활용할 수 있다.

가정 활용   가정에서는 부모와 자녀가 함께 상상력을 나누며 창의적 유대감을 쌓는 시간을 제공한다.

수십 년간 검증된 세계적 신뢰도

무엇보다 이 세트는 수십 년간 영재교육, 대학 전공수업, 국내외 창의력 대회 현장에서 활용되며 그 효과가 입증된 전문 학습 도구이다. 대한민국을 포함한 전 세계 23개국 이상에서 사용되고 있으며, 세계창의력대회(CREDECA)의 공식 교구로 채택되어 그 권위를 인정받았다. 레고가 설명서를 따라 정답을 완성하는 방식이라면, AI코딩골드버그 창작 세트는 정답이 없는 세상 속에서 자신만의 고유한 해법을 찾아가는 경험을 제공한다.

우리 학생들이 살아갈 미래는 변화와 불확실성이 일상인 사회이다. 이때 필요한 힘은 암기력이나 문제풀이 속도가 아니라, 상상력과 실행력, 협업과 회복 탄력성이다. 그런 힘은 "왜 안 됐지?"라는 질문을 던지며 다시 조립해보는 과정, 친구들과 머리를 맞대며 해답을 찾는 협업의 즐거움, 실패를 두려워하지 않는 용기 속에서 차곡차곡 길러진다.

AI코딩골드버그 창작 활동은 아이들에게 정답을 주지 않는다. 대신 스스로 세상을 설계할 수 있는 자신감을 선물한다.

한 중학교 CREDECA 도서관은 학생들의 비판적 사고력과 소통 역량을 강화하기 위해 'AI와 인문학 토론' 프로그램을 운영했다. 책을 읽은 뒤 AI의 분석과 인간의 비판적 토론을 결합하여 사고의 깊이를 넓히는 것이 핵심이었다. 이 과정에는 사서교사를 비롯해 국어·사회 교사가 협력하여 다학제적 접근을 시도했다.

| 탐구 과정 |

AI 활용, 초기 이해   학생들은 조별로 『플라톤의 국가』, 『군주론』, 『유토피아』 등을 선택한 뒤, AI 요약 도구를 활용해 책의 핵심 주제·논지를 빠르게 파악하며 토론의 기초를 다졌다.

질문의 확장   AI가 제시한 일반적인 질문, "플라톤은 정의를 어떻게 정의했는가?"를 토대로, 학생들은 "플라톤의 정의론이 오늘날 SNS 사회에서도 유효한가?"와 같이 스스로 토론 질문을 재구성했다.

심층 토론   학생들은 토론 과정에서 필요한 역사적 배경이나 유사한 철학자의 관점, 오늘날 사회 현상과의 연결 등을 AI에게 실시간으로 요청하며 사고를 확장했다.

결과 시각화   토론이 마무리되면 각 조는 자신들의 결론을 AI 인포그래픽 툴을 활용해 시각화하여 정보 전달력과 표현력을 높였다.

이와 같은 활동을 통해 학생들은 서로 다른 의견을 비교·분석하는 과정에서 비판적 사고력을 체득하고, 팀 내 역할 분담(정보 수집, 토론 정리, 발표 준비)을 통해 협력 역량을 강화했으며, AI를 사고를 확장하는 동반자로 활용하는 법을 배웠다. 최종 결과물을 인포그래픽·영상 등 다양한 형식으로 제작하면서 표현력도 발달했다.

사례 3 - 사회문제해결형 융합 프로젝트

부산 M고등학교의 도서관은 지역사회문제를 중심으로 프로젝트를 기획하는 지역 거점 학습 생태계 역할을 수행했다. '해양 쓰레기 저감 캠페인'을 주제로 한 프로젝트였다. 학생들은 지역 환경단체와 협력하여 해양 오염 데이터를 직접 수집하고 분석했다. 이를 바탕으로 해결 아이디어를 설계하고, 이를 실제 지역 축제 현장에서 캠페인을 운영했다.

이러한 사례들은 CREDECA 도서관이 학교 울타리를 넘어 지역사회와 연결된 살아있는 학습 플랫폼임을 명확히 보여준다.

사서교사-교사 협업 구조
: 학교 혁신의 중심

CREDECA 도서관 성공의 핵심, 교사 간 협력

CREDECA 도서관의 성공은 사서교사와 교과 교사의 유기적인 협력 구조에 달려 있다. 사서교사가 정보 탐색과 자료 설계를 지원하면, 교과 교사는 해당 분야의 전문성을 바탕으로 교과 연계 및 평가를 담당하는 체계적인 협업이 필수적이다.

경기도교육청은 이러한 협력을 위해 'CREDECA 융합 수업 코디네이터'를 지정하여 도서관 중심의 융합 프로젝트를 학교 단위로 확산시키고 있다. 실제로 경기도 H고등학교에서는 사서교사와 과학 교사가 협력하여 '지속 가능한 도시' 프로젝트를 운영했다. 이 과정에서 도서관은 프로젝트 전반의 자료 탐색과 데이터 관리의 거점이 되었으며, 학생들은 과학적 분석과 사회적 실천 방안을 결합한 결과물을 도출했다. 이 사례는 도서관이 학교 내

교사 협력을 이끄는 융합의 허브로 기능할 수 있음을 보여준다.

사서교사는 도서를 관리하고 대출하던 역할에서 확장하여 학생의 탐구 과정을 설계하고 이끄는 학습 코치로 변화하고 있다. 이는 CREDECA가 강조하는 교사 역할의 전환과도 맞닿아 있다.

도서관이 살아 움직이기 위한 조건과 시스템

살아있는 도서관이 학교를 바꾸고, 창의 교육의 거점이 되기 위해서는 명확한 운영 조건과 이를 뒷받침하는 시스템이 필요하다.

| CREDECA 도서관의 성공적인 혁신을 위한 조건 |

조건	설명
공간의 유연성	독서, 창작, 코딩, 발표가 한 공간에서 가능하도록 가변적 배치와 첨단 시설을 갖춰야 함.
전문적 협업	사서교사, 교과 교사, 외부 지역 전문가가 긴밀하게 연계되는 다학제적 협업 구조가 필수적임.
아이 중심 운영	정해진 답을 가르치기보다 아이의 질문과 아이디어를 중심으로 운영되어야 함.
지속 가능한 시스템	평가 루브릭, 기록 도구, 피드백 구조가 내재화된 운영 체계를 갖춰야 함.

CREDECA는 이러한 조건을 충족하기 위해 도서관 전용 창작 가이드와 10대 역량 기반 루브릭을 제공하며, 학교 도서관에서도 안정적으로 운영 가능한 표준화된 수업 구조를 학교에 공급한다.

살아있는 도서관은 학교라는 울타리를 넘어 지역사회를 잇는, 창의 교육의 거점이 된다. CREDECA 도서관은 지역 학부모 대상 워크숍, 초·중·고 연계 창작 전시회, 지역 메이커 페어와 연계한 골드버그경진 대회, 도서관 내 'CREDECA 창작실' 상시 운영 같은 활동들을 통해 도서관을 조용한 공간에서 교육과 마을을 연결하는 실천의 플랫폼으로 바꾼다.

CREDECA 도서관의 교육적 의미와 미래

CREDECA 도서관은 단지 공간의 혁신이나 교육 프로그램만 제공하는 곳이 아니다. 그 자체가 철학이 살아있고, 창의가 흐르며, 아이의 삶을 변화시키는 미래형 학습 생태계의 시발점이다. 학생들은 이 공간에서 자기주도적으로 배우고, 협력하며, 실제 문제를 해결한다. 이는 곧 점수 중심의 교육에서 역량 중심 교육으로 나아가는 실질적인 패러다임의 전환을 상징한다.

이제 학교 도서관은 창의력, 협업, 데이터 리터러시가 교차하는 역동적인 학습 허브로 재탄생해야 한다. CREDECA는 아이와 교사 모두에게 실질적인 도구와 구조, 교육적 감동을 제공함으로써 이 변화를 현실로 만든다. 도서관이라는 작은 공간에서 시작

된 이 변화는 학교 전체를 깨우고, 나아가 대한민국 교육의 거대
한 혁신으로 이어지는 지속 가능한 모델이 될 것이다.

우리 학교 도서관 점검표

도서관이 살아 움직이기 위해서는 거창한 변화보다 현재의 상태를 점검해보는 일이 먼저다. 아래 점검표는 우리 학교 도서관의 현재 위치를 확인하기 위한 기준이다.

각 질문에 대해 ○(그렇다) / △(부분적으로 그렇다) / ✕(아니다) 중 하나를 표시하며 읽어보자. 정답은 없다. 중요한 것은 다음 한 걸음을 찾는 것이다.

1 **공간의 유연성 점검**
_우리 도서관의 공간은 얼마나 다양한 활동을 허용하고 있는가?
독서 외의 다양한 활동(토론, 창작, 발표)을 수용할 수 있다.
책상과 의자 배치를 상황에 따라 자유롭게 바꿀 수 있다.
아이들이 바닥에 앉거나 자유롭게 움직일 수 있는 공간이 있다.
'이 공간에서는 이런 활동이 가능하다'는 메시지가 자연스럽게 전달된다.

2 전문적 협업 점검
_도서관 운영은 누구와, 어떻게 함께 이루어지고 있는가?

사서, 교사, 운영 담당자의 역할이 분리되지 않고 연결되어 있다.

도서관 활동이 교과 수업 또는 교육 목표와 긴밀히 연계되어 있다.

지역 전문가(작가, 예술가, 연구자 등)와의 협업 경험이 있다.

프로그램 기획 과정에서 한 사람의 판단에만 의존하지 않는다.

3 아이 중심 운영 점검
_도서관의 중심에는 '계획'이 있는가, '아이'가 있는가?

활동 주제나 방식이 아이들의 질문과 관심에서 출발한다.

아이들이 스스로 책을 고르고, 의견을 말할 기회가 충분하다.

아이들의 실패나 엉뚱한 시도가 존중받는 분위기다.

"조용히 해라"보다 "왜 그렇게 생각했어?"라는 말이 더 자주 나온다.

★ 생각해보기
우리 학교 도서관에서 아이는 이용자일까, 참여자일까, 아니면 주인공일까?

4 지속 가능한 시스템 점검
_지금의 운영은 다음을 준비하고 있는가?

도서관 활동의 과정과 결과가 기록으로 남는다.

잘된 점과 아쉬운 점을 돌아보는 피드백 구조가 확립되어 있다.

특정 개인이 빠져도 운영이 이어질 수 있는 기준이 있다.

단발성 행사보다 반복·확장 가능한 활동이 더 많다.

★ 생각해보기
우리 학교 도서관의 활기는 사람에 의존하고 있는가, 아니면 시스템이
지탱하고 있는가?

함께 만드는 전환

오랫동안 우리 교육은 수능이라는 거대한 벽 앞에 갇혀 있었다. 학생들을 정해진 정답만을 찾아내는 기계로 길러내며 그들의 머릿속에 지식을 쏟아붓는 데만 몰두해왔다. 하지만 인공지능이 인간의 지식량을 압도하는 시대에 이러한 방식은 더 이상 유효하지 않다.

이제 우리는 단 한 번의 시험으로 인생을 결정짓는 점수 중심 교육을 종식하고, 스스로 질문을 던지고 해답을 찾아가는 역량 중심 교육으로 나아가야 한다. 이러한 교육의 본질을 회복하고, 우리 아이들의 내면에 잠든 창의성의 불꽃을 지피기 위한 실질적인 대안이 바로 CREDECA 역량 교육이다.

> *"교육은 양동이를 채우는 것이 아니라,*
> *불을 지피는 것이다."*
> _윌리엄 버틀러 예이츠

수능, 점수 중심 교육의 종식

삶이 곧 배움이 되는 새로운 교육

대한민국 교육의 발전을 가로막고 있는 가장 거대한 벽은 단연 수능 중심의 입시 구조이다. 수능은 단순한 평가 도구를 넘어 학생의 일상, 학부모의 삶, 그리고 교사의 수업 방식까지 지배하는 제도적 굴레가 되었다. 이제 우리는 학생들을 정답 기계로 길러내는 교육을 끝내고, 스스로 새로운 질문을 던지며 존재하지 않는 해답을 만들어내는 세대로 성장시켜야 한다. 그러기 위해서는 학생들의 삶이 곧 배움이 되는 새로운 교육적 설계가 필요하다. 그 거대한 전환의 시작점에 CREDECA가 있다.

CREDECA는 기술적인 AI 평가 모델이 아니다. 학생들이 스스로 배우고 실패하며 다시 일어서는 과정을 통해 진짜 역량을 길러낼 수 있도록 돕는 새로운 교육 토대인 것이다.

교육은 모두의 책임이다

교육은 한 집단의 노력으로는 완성될 수 없는 우리 모두의 공동 책임이다. 수능이라는 견고한 시스템을 깨고 미래 교육으로 나아가는 길은 교사, 학부모, 정책 담당자, 그리고 학생까지 교육 공동체 모두가 각자의 자리에서 변화의 주체가 될 때 비로소 열린다.

교사에게

지식의 전달자에서 경험의 설계자로서, 교실의 작은 단위부터 프로젝트 기반 학습(PBL)을 시도하여 학생들이 지식을 살아있는 경험으로 느낄 수 있도록 설계해야 한다. 지식이 교과서에 머물지 않고 학생들의 삶 속에서 실천적 경험으로 치환될 때, 진정한 배움이 시작된다.

학부모에게

교실의 변화는 가정의 지지 없이는 지속될 수 없다. 성적표의 숫자만 보지 말고, 아이의 성장에 주목해야 한다. 아이가 오늘 어떤 질문을 던지고 어떤 도전을 감행했는지 살펴야 한다. 질문은 배움의 시작이며, 도전은 역량의 증거이다.

정책 담당자에게

제도 보완보다 시급한 것은 평가 철학의 근본적인 전환이다. 평가의 잣대가 바뀌어야 비로소 수업이 살아나고, 수업이 달라져야 대한민국 교육의 미래가 바뀐다. 평가 기준을 '정답의 개수'에서 '역량의 크기'로 바꿔보자. 그래야 교육 현장의 모든 노력이 하나의 거대한 변화로 결실을 맺을 수 있다. AI 시대를 살아가는 우리 아이들에게 필요한 것은 스스로 답을 찾아내고 새로운 가치를 만들어내는 용기와 역량이다.

CREDECA는 이러한 전환을 현실로 만드는 지속 가능한 교육 생태계이다. 우리가 지금 이 순간 방향을 틀지 않는다면, 다음 세대는 또다시 무한 경쟁의 피로 속에서 꿈을 저당 잡히게 될 것이다. 하지만 지금 우리가 변화를 선택한다면, 학생들은 배움의 주인이 되어 더 넓은 세상을 주도적으로 열어갈 수 있다. **교육은 선발 기술이 아니라 삶 그 자체이다.** 바로 지금이 그 방향을 바꿀 골든타임이다.

교실에서 시작되는 거대한 변화 – 아래로부터의 교육 혁명

지난 한국 교육의 역사는 정부 정책이 주도하는 하향식(Top-down) 개혁의 연속이었다. 정권이 바뀔 때마다 교육과정, 입시제도, 평가 기준이 요동쳤다. 그 결과 교실 현장은 만성적인 피로감을 호소했고, 학생과 학부모는 혼란 속에서 방황해야 했으며, 교사들은 정책의 실험대 위에서 소모적인 변화를 감내해야 했다. 국가 주도의 수많은 개혁이 결국 현장에 뿌리 내리지 못하고 반쪽짜리 성과에 머물렀던 이유가 바로 여기에 있다.

CREDECA는 이 낡은 패러다임을 완전히 바꾸려 한다. 진정한 개혁은 '위'가 아닌 '아래', 즉 우리 아이들이 숨 쉬는 교실에서 출발해야 한다. 이제는 거창한 제도 설계보다 교실에서부터 교사와 학생이 맞부딪치며 만들어내는 작은 변화가 오히려 더 강력하고 지속적인 개혁의 불씨가 됨을 상기할 때다. 정책이 교실을 강제로 바꾸는 시대는 끝났다. 이제는 교실에서의 성공 경험이 정책을 견인하고, 학생 한 명 한 명의 성장이 제도의 정당성을 증명해야 한다.

CREDECA는 현장의 자발적인 변화를 지원한다. 이는 교사와 학생이 교육의 진정한 주권을 되찾는 '**아래로부터의 혁명(하향식 개혁)**'을 의미한다.

교육 생태계 혁신의 도미노 효과

하향식 개혁의 가장 큰 장점은 현장의 수용성과 자발성이 보장된다는 점이다. 교실에서 시작된 개혁은 현장의 실제적인 문제와 필요에 기반하기 때문에 그 생명력이 길다. 필자는 이러한 자발적 확산 과정을 '교육 생태계 혁신의 도미노 효과'라고 정의한다.

이러한 일련의 과정은 마치 샘물 한 줄기가 모여 강을 이루고 결국 바다로 흘러드는 것과 같이 현장의 실질적인 성과들이 쌓여 궁극적으로는 국가 교육정책을 실질적으로 변화시키는 거대한 힘을 발휘하게 된다.

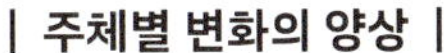

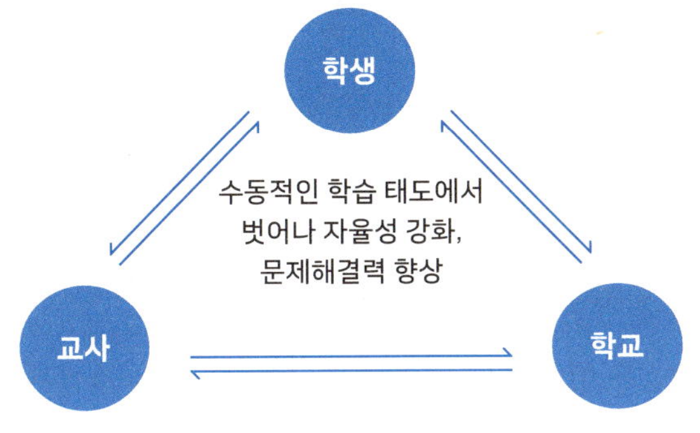

지역사회와의 연계 – 학교를 사회 혁신의 허브로

학교 개혁은 학교 울타리를 넘어 지역사회와 맞닿을 때 비로소 완성된다. CREDECA는 지역사회의 풍부한 인적·물적 자원을 교육의 현장으로 적극적으로 끌어들여 배움의 지평을 사회 전체로 확장한다. 지자체, 기업, 대학이 함께하는 공동 프로젝트는 학생들이 지역 현안을 직접 마주하고 해결하는 과정을 통해 학습과 사회 참여를 하나로 결합하게 한다. 학생들은 마을 축제 기획, 환경 캠페인, 도시재생사업 등에 참여하며 실제 현장에서 시민으로서 기여하는 배움의 확장을 경험한다. 이 과정에서 지역 기업은 학생들의 멘토가 되어 실무 체험의 기회를 제공함으로써 교육과 산업이 긴밀히 연결될 수 있다.

구체적인 사례로, 부산 지역 학교와 조선업체가 협력해 개최한 '친환경 선박 디자인 경진대회'를 들 수 있다. 이 행사에서 학생들은 첨단 산업의 최전선에 있는 현안을 직접 탐구하고 창의적인 해법을 제시하는 기회를 얻었다. 이 생생한 경험을 통해 학생들은 교과서 속 지식을 실제 공학적 문제해결에 적용하며, 시대가 요구하는 진정한 융합 인재로 성장했다.

CREDECA가 일으키는 변화는 '교실 → 학교 → 지역사회'로 파급되며 교육개혁의 새로운 표준을 제시한다. 작은 교실에서의 실험이 교사와 학생의 인식을 바꾸고, 이것이 학교 차원의 시스템으로 안착하며, 최종적으로 지역사회와의 연결을 통해 거대한 사회 혁신으로 이어지는 것이다.

이것이 바로 AI 시대에 교육이 다시 사회적 신뢰를 회복하는 길이다. 교육이 성장, 협력, 참여의 문화로 전환될 때, 학교는 배움의 중심이자 지역사회의 혁신 허브로 다시 살아나게 될 것이다.

국가 교육 시스템으로의 확장 : CREDECA가 이끌 거대한 전환

생활기록부 기반 AI 역량 평가의 국가 표준화

CREDECA는 교실과 학교 혁신뿐 아니라 국가 교육 시스템 개혁으로 이어져야 한다. 이는 교육의 근간을 재설계하는 대전환이며 국가 경쟁력과 직결되는 필연적인 방향이다.

CREDECA 모델은 지금까지 성적과 출결 등 정량적 수치 중심으로 기록되어 온 생활기록부의 패러다임을 **국가 표준화된 AI 역량 평가 지표**로 대전환한다. 이를 통해 그동안 수치로 환산하기 어려웠던 학생 개개인의 창의력, 문제해결력, 협업 능력과 같은 '보이지 않는 성장'을 객관적인 데이터로 가시화할 수 있다.

▪ AI 기반 다차원 루브릭 운영

교사의 관찰 기록, 학생의 자기성찰, 동료 피드백 데이터를 통합 분석하여 평가의 입체성과 신뢰성을 확보한다.

: 과학적 객관성 확보

AI가 방대한 데이터 맥락을 정밀하게 분석하여 정성적인 서술을 정량적 지표로 변환함으로써 평가의 주관적 편향을 최소화하고 객관성을 극대화한다.

: 전국 단위 국가 표준화

모든 학교가 동일한 역량 측정 틀을 공유함으로써 데이터의 신뢰성을 확보하고, 지역과 학교에 상관없이 공정한 데이터 축적 환경을 조성한다.

이러한 변화를 통해 생활기록부는 관성적인 기록이 아니라 학생 성장의 살아있는 역사이자 각자의 고유한 잠재력을 바탕으로 미래를 설계하도록 돕는 '진로의 나침반'이 된다.

대학 입시 및 국가 정책과의 연동

CREDECA의 10대 역량 지표를 국가 표준으로 채택하면, 대학과 기업이 갈망하는 융합형·실천형 인재를 과학적으로 선발하고 육성하는 데 국가적 역량을 집중할 수 있다. 이는 교육과 산업, 그리고 국가 정책이 하나의 유기적인 성장 생태계로 이어지는 선순환 구조를 완성한다.

| 영역별 연계 방안 및 기대 효과 |

영역	구체적 연계 방안	기대 효과
대학 입시 연계	생활기록부에 축적된 역량 데이터를 기반으로 입학사정 관제를 대폭 강화	정답 맞히기 위주의 평가에서 벗어나 학생의 실제적 잠재력을 평가하는 공정 전형 안착
국가 정책 반영	창의·융합형 인재 육성 지표를 AI, 바이오, 그린에너지 등 국가 전략 산업 분야와 직접 연결	국가 발전에 필요한 핵심 인재를 조기에 발굴하고 정책적 지원을 집중할 수 있음.
기업 협력	역량 데이터를 바탕으로 산업계가 요구하는 맞춤형 인재 발굴을 지원	교육 현장과 실무 현장의 괴리를 좁히고, 학생들에게는 실질적인 진로 기회를 제공

CREDECA 지원센터 설립 및 역할

교육청 단위로 CREDECA 지원센터를 설립하면 교육 현장에 안정적인 시스템과 프로그램을 공급할 수 있다. 이 센터는 교사, 학생, 지역사회가 유기적으로 소통하며 함께 성장하는 학습 공유 플랫폼의 중추적 역할을 한다.

교사 연수 및 지원

프로젝트 기반 수업(PBL), AI 도구 활용법, 실전 역량 평가 실습 등 현장 밀착형 연수 프로그램을 상시 운영하여 교사의 전문성을 강화한다.

▪ 체계적인 데이터 관리

생활기록부 기반의 AI 평가 데이터를 체계적으로 수집·분석·활용하는 체계를 확립하여 평가의 신뢰성과 공정성을 철저히 관리한다.

▪ 지역 특화 모델 연구

각 지역의 산업적·문화적 특성에 최적화된 CREDECA 교육 모델을 연구·개발하고, 현장의 우수 사례를 발굴하여 전국적으로 공유한다.

국제 교육 네트워크로의 확장

CREDECA는 대한민국 교육뿐 아니라 전 세계가 공감하는 글로벌 표준 역량 교육 모델로 진화할 잠재력을 지니고 있다.

▪ 글로벌 거버넌스 협력

OECD, UNESCO 등 국제기구와 협력하여 한국형 역량 교육의 성과를 세계무대에 전파하고 교육 한류의 기틀을 마련한다.

▪ 인류 공동 과제 해결

기후위기, AI 윤리 등 전 지구적 현안을 해결하기 위한 국제 공동 프로젝트에 참여하여 실천적 배움과 세계 시민 의식을 구현한다.

▪ 글로벌 리더십 훈련

세계학생창의력올림피아드를 통해 전 세계 인재들과 교류하며 미래 리더로서의 역량을 함양하는 장을 제공한다.

대한민국 교육의 국제 네트워크 확장은 '수학 강국'에 머물러 있는 우리 교육을 창의·융합형 인재 교육의 선도국으로 자리매김하는 길이다. 국가 교육 시스템 속에 CREDECA가 깊이 뿌리내릴 때, 교육은 더 이상 소모적인 사교육 경쟁의 장이 아닌 국가 혁신의 강력한 엔진으로 전환될 것이다.

학부모의 인식 변화 – 점수에서 성장 서사로

대한민국의 학부모는 오랫동안 성적표로 자녀의 성취를 확인해 왔다. 점수와 등수는 직관적이지만, 아이가 가진 무한한 가능성과 입체적인 역량을 담아내기에는 턱없이 부족한 지표이다. CRE-DECA가 도입되면 성적표 대신 '역량 보고서'가 가정으로 전달된다. 부모는 이제 몇 점, 몇 등이라는 숫자 대신 아이의 '성장 서사'를 읽는 독자가 된다.

역량 보고서에는 자녀가 특정 프로젝트에서 어떤 창의적 기여를 했는지, 협업 과정에서 갈등을 어떻게 조율하며 역할을 수행했는지, 그리고 AI 도구를 얼마나 능동적으로 활용했는지 등이 구체적인 데이터로 기록된다. 부모는 역량 보고서를 읽고, 자녀가 몇 등짜리 아이가 아니라 어떤 순간에 빛나는 아이인지를 발견하게 된다. 이러한 변화는 정보 전달의 방식을 넘어 가정의 삶 자체를 바꿀 수 있다. 즉, 성적 경쟁의 굴레에서 벗어날 수 있어 사교육비 지출은 자연스럽게 줄어들고, 자녀와 정서적으로 교감하며 함께 보내는 시간이 늘어나게 된다.

　더 이상 자녀의 등수에 불안해하지 않게 된 학부모는 학교를 입시 결과를 만들어내는 공간에서 성장의 장으로 바라보게 된다. 그러다 보니 자녀의 프로젝트 발표회나 지역사회 연계 활동에 관심을 갖게 되고, 직접 참여하며 교사와 함께 아이의 성장을 돕는 교육 동료가 된다. 이처럼 교육이 학교만의 고립된 과업이 아니라 학교, 가정, 지역사회가 함께 빚어내는 공동 작업이 되는 순간, 우리 교육에 대한 신뢰는 깊게 뿌리내리게 된다.

지속 가능한 교육개혁의 조건
: 흔들리지 않는 기반 만들기

지속 가능한 교육개혁의 조건

교육개혁은 한두 해의 성과로 평가할 수 있는 단기 사업이 아니다. 그것은 한 세대의 삶을 바꾸는 긴 호흡의 여정이며 성공을 위해서는 멈추지 않는 동력이 필요하다. CREDECA는 이를 위한 지속 가능한 교육개혁의 4대 조건을 제안한다.

1) 철학의 일관성

교육은 정권이 바뀔 때마다 흔들리는 실험실이 되어서는 안 된다. '점수가 아닌 역량'이라는 철학은, 특정 정당의 구호가 아니라 대한민국 교육 전체가 공유해야 할 국가적 약속이어야 한다.

2) 현장 주도성

개혁의 성패는 교실에서 결정된다. 교사와 학생이 주체가 되지 않는 개혁은 겉도는 제도에 그칠 뿐이다. CREDECA는 교사에게는 실험적 시도를 허용하는 '교수 자율성'을, 학생에게는 배움의 경로를 스스로 선택하는 '학습자 주도성'을 부여하여 교육의 현장감을 회복한다.

3) 데이터 기반 평가

아무리 훌륭한 수업도 평가 방식이 바뀌지 않으면 과거로 회귀한다. CREDECA는 루브릭 중심의 역량 평가 시스템으로 학생의 성장을 다각도로 기록하고 평가한다. 이는 개별 학생의 학습 궤적을 실시간으로 포착하여 그 성장의 순간을 가장 객관적이고 세밀하게 기록하는 '성장 기록'이다. 주관적인 감정이나 관계의 편향에 흔들리지 않는 AI의 투명한 피드백은 평가의 공정성에 대한 의문을 해소하고 모두가 신뢰할 수 있는 미래형 평가 시스템의 초석이 된다.

4) 사회적 합의

진정한 개혁은 법령이 아닌 국가적 합의 위에 세워져야 한다. 점수 경쟁이 아닌 '역량 성장'을 교육의 지상 과제로 삼는 원칙에 국민적 동의가 필요하다. 이를 위해 교사, 학부모, 정책 당국은 물론 시민사회까지 머리를 맞대는 '사회적 대화 기구'를 구성하여 정권의 명멸과 관계없이 지속될 교육의 가치를 정립해야 한다.

학부모와 사회가 함께 완성하는 개혁

CREDECA가 성공적으로 뿌리내리려면 학교 안에서의 혁신뿐 아니라 학부모의 인식 변화와 범사회적 합의가 동반되어야 한다. 점수에서 역량으로, 불안에서 신뢰로, 그리고 경쟁에서 공동체적 성숙으로 나아가는 것이 바로 우리가 가야 할 지속 가능한 교육개혁의 길이다. 작은 교실에서 시작된 변화는 학부모의 마음을 움직이는 감동이 되고, 그 감동은 다시 거대한 사회적 합의를 이끌어내어 마침내 대한민국의 교육 시스템을 근본적으로 바꾸어낼 것이다.

새로운 CREDECA의 비전

한국형 역량 교육 모델의 글로벌 수출

필자는 CREDECA가 국내 교육 혁신을 넘어, 전 세계 교육 현장의 패러다임을 바꿀 강력한 힘을 지니고 있다고 확신한다. 이것은 한국 교육 특유의 역동적인 DNA와 AI 시대의 정밀한 기술력을 접목해 탄생시킨 '한국형 역량 교육 프레임워크'이다. 한때 '입시 지옥과 사교육의 나라'로 불렸던 대한민국이 이제는 '창의·융합형 인재를 길러내는 글로벌 표준'으로 거듭나야 할 때이다.

오늘날 세계 각국은 공통된 교육적 위기에 직면해 있다. 점수 중심 교육의 한계, 학생들의 배움에 대한 흥미 상실, 디지털 전환 속도를 따라잡지 못하는 낡은 제도가 그것이다. 핀란드나 싱가포르 등 교육 선진국들이 이미 역량 교육을 시도하고 있지만, CRE-DECA는 그들이 도달하지 못한 '현장 적용성'과 '데이터 기반의 정교한 평가 체계'라는 두 가지 강력한 무기로 차별화된다.

국제 표준화를 이끄는 기술적 우위, 특히 AI를 활용한 역량 데이터화 시스템과 이를 생활기록부로 연동하는 CREDECA의 기술적 구조는 전 세계 어디서나 즉시 도입 가능한 국제 표준의 가능성을 품고 있다. 주관적일 수밖에 없었던 역량 평가를 객관적이고 신뢰도 높은 데이터로 변환해내는 CREDECA의 기술은 교육의 디지털 전환을 꿈꾸는 모든 국가에 매력적인 대안이 될 것이다.

이제 교육은 더 이상 선진 시스템을 수입하기만 하는 영역이 아니다. 우리가 정립한 모델을 국제 네트워크에 공유하고 수출함으로써 대한민국은 진정한 의미의 '교육 강국'으로 자리매김할 수 있다. 작은 교실의 변화에서 시작된 CREDECA는 이제 세계 곳곳에서 아이들의 미래를 밝히는 글로벌 플랫폼으로 진화할 준비를 마쳤다.

국가 경쟁력 강화 – 교실에서 시작되는 산업 혁신

오늘날 국가 경쟁력의 지표는 GDP나 제조업 생산량으로만 평가되지 않는다. 새로운 문제를 정의하고, 파편화된 지식을 융합해 창의적 해법을 제시할 수 있는 인재의 수준이 곧 국력인 시대이다. CREDECA는 대한민국이 세계 교육의 주역이 될 수 있도록 다음과 같은 인재 육성에 집중한다.

창의 인재 무(無)에서 유(有)를 창조하는 산업의 개척자

융합 인재 학문의 경계를 허물고 기존 산업의 구조를 재설계하는 혁신가

글로벌 디지털 인재 고도의 기술력과 소통 역량으로 국경 없는 네트워크를 확장하는 연결자

CREDECA는 이 모든 요소를 하나의 통합 프레임워크 안에 담아낸다. 교실이 지식을 수용하는 공간에서 미래 산업의 프로토타입을 설계하는 실험실이 될 때 대한민국의 산업 생태계는 근본적으로 혁신될 것이다. 교실이 국가 경쟁력을 지키고 키워내는 가장 강력한 전초기지가 되는 것이다.

미래 세대의 행복 – 성적이 아닌 '삶의 의미'

교육의 최종 목적은 학생들이 자신만의 고유한 재능을 발견하고, 스스로의 가치를 증명하며 의미 있는 삶을 살아가도록 돕는 데 있다. CREDECA는 '역량 기록'을 통해 학생 개개인의 강점과 성장 궤적을 축적한다.

이 과정에서 학생들은 타인과 비교하며 좌절하기보다 어제의 나보다 성장한 오늘의 나를 확인하며 단단한 자존감을 키워간다. 이것은 삶의 만족도와 행복감으로 직결되는 필수적인 정서적 자산이다. 결국 CREDECA가 추구하는 궁극적인 비전은 무한 경쟁

속에서 소수의 성공인을 길러내는 것이 아니라 각자의 자리에서 빛나는 '행복한 세대'를 길러내는 것이다.

아래로부터, 그러나 모두가 함께

교육은 거대한 건축물과 같다. 국가가 아무리 화려한 설계도를 그려도, 교실이라는 기초가 흔들리면 그 개혁은 오래 버티지 못하고 무너지고 만다. 지난 수십 년간의 교육개혁이 현장의 저항과 불신에 부딪혔던 이유는, 그것이 늘 현장을 배제한 채 위에서 아래로 내려온 명령형 개혁이었기 때문이다.

필자가 CREDECA를 통해 제안하는 길은 그 방향부터가 다르다. **시작점은 단 한 명의 교사, 단 하나의 교실이다.** 교사가 문제풀이식 수업을 내려놓고 아이들과 함께 프로젝트를 시작하는 그 순간, 학생들의 눈빛은 생기로 반짝이기 시작한다. 이 작은 불꽃은 학교라는 울타리를 넘어 지역으로 번진다. 축제, 동아리, 봉사활동이 '역량' 중심으로 재편될 때, 학부모와 지역사회는 비로소 교육의 진정한 파트너로 동행하게 된다.

한 지역의 변화는 국가 교육 시스템으로 이어진다. 생활기록부가 아이의 성장을 기록하고, 입시와 정책이 역량을 향해 정렬될 때, 한국 교육의 패러다임은 완전히 새로운 전환점을 맞이하게 된다. 교육개혁은 교사와 학생이 주체가 되고 학부모와 지역사회가 동행하며 국가가 뒷받침하는 다층적 연대의 여정이다.

CREDECA는 단순한 교육 프로그램이 아니다. 그것은 새로운 시대의 철학이자 플랫폼이며, 미래를 향한 거대한 교육운동이다. AI 시대, 우리 아이들이 세계무대에서 당당한 리더로 설 수 있게 하려면, 지금 이 자리에서 작은 변화를 시작해야 한다.

"위대한 변화는 언제나 작은 교실에서 출발한다."

CREDECA는 그 작은 교실에서 피어난 변화의 씨앗을 소중히 키워내 우리 교육의 토양을 바꾸고, 마침내 전 세계 교육의 지형을 바꾸는 울창한 숲이 될 것이다.

부록

CREDECA AI 기반 생활기록부 평가 시스템

시스템 개발 배경 및 필자의 확신

필자가 고등학교 교장으로 재직하던 당시, 학생들의 창의 역량을 키우기 위한 활동 중심 교육을 현장에 직접 이식했다. 그 결과는 놀라웠다. 당시 활성화된 학생부종합전형은 점수에 가려져 있던 지방의 인재들이 자신의 역량만으로 수도권 대학에 진학하는 공정한 기회의 사다리가 되었다. 특히, 필자가 CREDECA의 창의·체험·팀 중심 교육을 실행하며 실증적으로 확인한 사실이 있다. 수능 점수가 높은 학생보다 역량 중심으로 평가받아 입학한 학생들이 학년이 올라갈수록 탁월한 문제해결 능력과 성취도를 발휘한다는 점이다.

학생들의 활동 기록을 직접 지도하며 얻은 결론은 명확했다. 대한민국 교육이 점수가 아닌 역량으로 이동한다면, 학교 현장은 비정상적인 문제풀이 중심에서 벗어나 미래 인재의 요람으로 거듭날 것이다. 이러한 확신을 바탕으로 구축한 CREDECA AI 시스템은 10대 핵심역량을 정교하게 평가하고, 선발 과정까지 지원하는 독보적인 솔루션이다. 초등학교 1학년부터 고등학교 3학년까지, 학생의 전 과정을 담은 생활기록부를 정밀한 데이터베이스로 전환한다. AI는 방대한 기록 속에 숨겨진 학생의 잠재력을 추출하고 데이터화하여 미래 사회가 요구하는 인재상을 객관적으로 증명해낸다.

단 한 번의 시험으로 인생을 결정짓는 수능 대신, 12년간의 꾸준한 성장 궤적을 평가하는 이 시스템은 무너진 공교육을 바로 세우고 학교 교육을 정상화할 수 있는 가장 강력하고 유일한 대안이다.

CREDECA AI 기반 생활기록부 평가 시스템

평가의 역사는 '주관성'을 얼마나 배제하느냐에 따라 발전해왔다. 중세 대학의 구술시험에서 근대의 표준화 시험(SAT, 수능)으로 이행한 것은 대규모 인원을 '객관적'으로 평가하기 위해서였다. 하지만 21세기에 들어서며 표준화 시험은 개별 학생의 고유한 잠재력을 측정하지 못한다는 결정적 한계에 부딪혔다.

CREDECA AI 시스템은 이러한 역사의 시계추를 다시 '개별 인격체에 대한 심층 평가'로 되돌리려는 시도이다. 과거의 평가와 다른 점이 있다면 인간의 편견이 개입될 수 있는 자리에 '인공지능의 정밀성'을 배치했다는 것이다. 이는 국제학업성취도평가(PISA)가 디지털 기반의 창의적 문제해결력 평가를 도입하려는 세계적 흐름과 맞닿아 있으며, 대한민국이 글로벌 평가 기술의 주도권을 잡는 역사적 전환점이 될 것이다.

1. 정의 및 목적: 평가의 패러다임을 바꾸다

정의 CREDECA AI 평가 시스템은 학생의 12년 성장 과정을 담은 생활기록부를 정밀 분석하여 정성적 역량을 객관적·정량적 데이터로 전환하는 'AI 역량 분석 엔진'이다. 시험 점수뿐 아니라 교과·비교과 활동, 프로젝트 수행력, 협업의 태도 등 학생의 전 생애적 학습 궤적을 측정한다.

목적 단 한 번의 시험으로 학생의 가치를 재단하는 기존 평가의 한계를 극복하는 데 있다. 과정의 가치를 발견하고, 잠재된 가능성을 데이터로 증명함으로써 '성장 중심의 평가 생태계'를 구축하는 것이 핵심이다.

2. 작동 원리: 정성적 서술을 정량적 지표로

이 시스템은 방대한 생활기록부 데이터를 다차원적으로 분석하여 신뢰할 수 있는 역량 지표를 도출한다.

데이터 수집 초등부터 고등까지 12년간 축적된 교사의 서술형 기록, 프로젝트 결과물, 비교과 활동 내역을 전수 수집한다.

AI 분석 알고리즘

　자연어 처리(NLP) 수천 개의 서술 문장 속에서 '창의적 해결', '주도적 협력' 등 역량과 관련된 핵심 패턴과 맥락을 추출한다.

　데이터 정규화 지역 및 학교 간의 평가 격차를 보정하여 표준화된 공정성을 확보한다.

성장 곡선 추적 단발성 성과보다 시간에 따른 역량의 변화와 발전 속도를 분석한다.

역량 매핑 분석된 활동 기록을 CREDECA 10대 핵심역량과 정교하게 연결하여 각 역량별 구체적 사례와 점수를 제시한다.

역량 보고서 제공 수치화된 역량 지표(창의력 87점, 협업 능력 92점 등)와 질적 피드백이 결합된 입체적 성적표를 제공한다.

3. 시스템의 독보적 특징

장기 관찰 기반 12년간 지속된 학생의 일관된 성향과 노력을 반영한다.

다차원 입체 분석 지식의 습득, 태도와 행동, 성과를 아우르는 전인적 성장을 평가한다.

AI와 인간의 협업 AI가 데이터의 객관성을 담보하고, 교사가 맥락적 깊이를 더하는 상호보완적 시스템이다.

철저한 공정성 장치 데이터 검증 알고리즘과 다중 평가자 교차 검증을 통해 시스템에 대한 사회적 신뢰를 확보한다.

4. 기대 효과

이 시스템은 기록의 화려한 수사나 분량에 현혹되지 않는다. AI는 텍스트 이면에 숨겨진 **구체적인 활동의 실체와 실질적인 성과**를 날카롭게 포착하고, 학교와 교사마다 상이할 수 있는 기록 방식을 데이터 정규화 과정을 통해 보정함으로써 학생의 역량을 그 어떤 시스템보다 공정하고 정밀하게 투영해낸다.

| 주체별 기대 효과 |

주체	기대 효과
학생	단 한 번의 시험 점수로 정의되지 않고, 자신만의 고유한 강점과 12년간의 꾸준한 성장 기록을 공식적으로 인정받으며 자존감을 회복한다.
교사	평가 업무의 부담을 AI가 덜어줌으로써, 교사는 학생의 성장을 돕는 코치이자 삶을 안내하는 지도자·관찰자 본연의 역할에 집중할 수 있다.
학부모	역량 보고서를 바탕으로 아이의 적성을 키워주는 장기적인 성장의 파트너로 전환된다.
대학·사회	프로젝트 수행 능력과 협업 역량이 검증된 '준비된 인재'를 선발하여 조직과 사회의 경쟁력을 높인다.

대한민국 교육사는 오랫동안 평가의 신뢰성을 확보하기 위해 표준화된 정량 평가(수능)에 의존해왔다. 그러나 이는 학생 개개인의 특성을 무시하는 부작용을 낳았고, 이를 보완하기 위해 도입된 학생부종합전형은 다시 기록의 불균형(교사의 기록 역량 차이)이라는 공정성 시비에 휘말렸다.

CREDECA AI 시스템은 이러한 딜레마를 해결할 제3의 대안이다. 과거의 평가가 사람의 주관 혹은 기계적 수치 사이에서 갈 팡질팡했다면, 이제는 AI를 통해 사람의 기록(정성 데이터)을 객관화(정량 데이터)하는 기술적 진보를 이룩했다. 이는 교육 주체들이 더 이상 서로를 불신하지 않고 공통의 데이터 위에서 아이의 성장을 논의할 수 있는 신뢰의 생태계를 구축하는 초석이 될 것이다.

| CREDECA AI 기반 생활기록부 평가 시스템 |

- ▶ AI가 생기부에서 활동·역할·성과를 찾아내고, 10가지 역량에 1차 점수 산술

- ▶ 동시에 '이 부분은 더 설명 필요' 같은 맞춤 질문 목록 생성(생기부 내 빠진 맥락 존재 가능. AI가 대상자에게 정확히 무엇을 더 물어볼지 뽑아두는 단계)

- 예) "동아리 프로젝트에서 '데이터 분석'이라 했는데 무슨 도구를 썼나요? 본인 기여는 무엇이었나요? 결과는 어땠나요?"

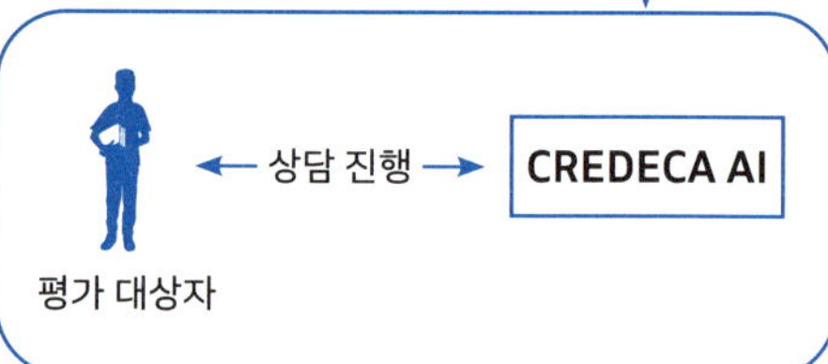

- ▶ AI가 맞춤 질문을 순서대로 질문. 학생은 사실 중심으로 답변(필요시 이미 제출한 산출물/증빙 링크·사진 등 추가)

- ▶ 목적: 생기부의 모호한 표현을 구체화하고, 빠진 내용을 학생의 목소리로 보완하기 위함

- ▶ 상담 방법

- - 질문은 구체적 사실 위주(무엇을, 얼마나, 어떤 결과 형식)

- - 같은 질문을 학생마다 유사 난이도로 제공

- - 말의 화려함은 점수에 영향 거의 없음(내용·증거가 핵심)

- 예) '발표를 했다' → 어디서, 누구 앞에서, 어떤 자료로, 질문에 어떻게 답했는지
  '팀 리더였다' → 팀원 몇 명, 역할 배분, 갈등 해결 사례, 결과

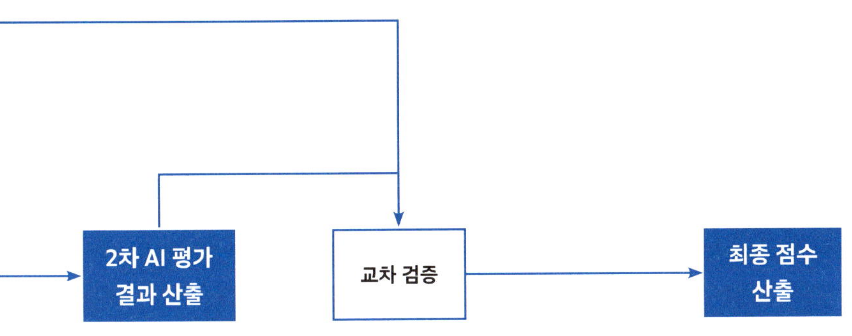

▶ 생기부 내용과 상담 답변을
   나란히 비교해 일치/불일치 판별
- 일치가 많을수록 신뢰도 상승
- 모순되면 추가 확인 요청 (필요 시
  필수 보완 목록 자동 생성)

▶ 생기부(정량) + 교사 기록(정성) +
   상담(정성)을 하나로 합쳐
   각 역량을 0~100점으로 산출
- 학교별 스타일 차이, 기록 분량 차이,
  단어의 화려함, 상담 시 증거 제시
  실패 등은 자동 보정
▶ 출력물: 10개 지표 점수 + 총점
   (또는 종합지수)

데이터로 증명하는 성장
: CREDECA AI 평가 리포트

본문에 수록된 역량 평가 사례는 해당 학생의 개인정보보호 및 생활기록부 비공개 요청에 따라 상세 기록을 싣지 못했다. 비록 학생의 요청으로 생활기록부 원본 데이터를 수록하지는 못했지만, 본 분석은 철저히 실제 기록에 기반하여 CREDECA AI 시스템으로 도출한 결과임을 밝혀둔다.

CREDECA AI 기반 생활기록부 평가 결과 (초등학생 사례)

CREDECA AI 시스템은 화려한 미사여구에 현혹되지 않는다. 이 시스템은 기록의 길이나 표현보다 구체적인 활동의 실체와 실질적인 성과를 중심으로 분석하며, 학교·교사·학생마다 다른 기록 방식을 데이터 기반으로 보정하여 가장 공정하고 정확하게 학생의 역량을 반영한다.

| 실제 초등학생의 생활기록부 데이터를 기반으로 도출된 역량 분석 결과 |

분석 대상자 이름	대상자_1
학교/ 학년/ 반	○○초등학교
문서 버전	1.0

작성일		2025.09.02	
평가기관		CREDECA	
항목	점수(100점 만점)	항목	점수(100점 만점)
창의력	78	논리적 사고력	68
문제 발견력 및 해결력	72	자기주도성	74
협업 능력	83	디지털 지터러시	66
표현력	80	소통 능력	82
융합 능력(STEAM)	70	도전정신	85
합계 (758/1000점)			

위 평가 리포트는 학생의 강점과 보완점을 한눈에 보여준다.

종합 평가 요약 - 데이터가 들려주는 성장의 이야기

이 학생은 다양한 교과 학습과 활동 전반에서 성실성과 꾸준함을 바탕으로 배움에 임하고 있다. AI 분석 결과, 도전정신(85점)과 협업 능력(83점), 그리고 소통 능력(82점)에서 매우 높은 성취를 보인다. 이것은 학생의 내면에 잠재된 핵심 동력이자 교과 점수로는 결코 알 수 없는 이 학생만의 고유한 자산이다. AI는 수만 개의 생활기록부 문장 속에서 타인과 협력하고 새로운 문제에 도전했던 구체적 행동 패턴을 찾아내어 이와 같은 지표를 완성한다.

강점 창의력(78점)과 표현력(80점)을 바탕으로 글쓰기, 연극, 미술, 음악 등 다채로운 매체를 활용해 자신을 드러내려는 시도가 매우 활발하다. 특히 협업 상황에서 돋보이는 팀워크와 배려심은 공동체의 성장을 돕는 귀한 자산이다. 무엇보다 포기하지 않고 끝까지 과업을 완수하는 끈기가 강점으로, 장기적인 목표 유지력이 높다.

발전 필요 영역 상대적으로 지표가 낮은 문제해결력(72점)과 논리적 사고력(68점)은 아직 교사의 도움에 의존하는 경향이 있으며, 해결 과정에서의 논리적 완결성과 자기성찰적 사고를 보완할 필요가 있다. 또한 디지털 리터러시(66점) 영역에서는 기초 검색 및 활용 경험은 있으나 정보의 신뢰성을 비판적으로 검증하고 윤리적으로 사용하는 의식의 함양이 요구된다.

종합 의견　이 학생은 협력적 태도와 성실함을 바탕으로 끊임없이 도전하는 '적극적 참여자'이다. 앞으로 스스로 문제를 정의하고 논리적·융합적 사고를 통해 자신만의 해결책을 설계하는 능력을 키워간다면 미래 사회의 주도적인 리더로 성장할 가능성이 매우 크다.

세부 역량 평가

▸ 창의력

새로운 시각으로 문제를 바라보고, 다양한 매체와 아이디어를 활용하여 독창적인 산출물을 만들어내거나 가치를 창출하는 능력

점수	78점
주요 근거	■ 독도 관련 노래를 부르며 역사의 의미를 이해하고 이를 자신만의 방식으로 표현하려 노력함. ■ 연극 동아리 활동 중 '환경 보호'라는 주제를 연극이라는 매체를 통해 효과적으로 전달하고자 시도함. ■ 미술 시간에 블록 판화 제작, 붓글씨 활동 등 다양한 창작 과정을 꾸준히 경험하며 자기만의 작품을 완성하려는 의지를 보임. ■ 국어 시간에 읽은 짧은 글을 자신의 경험과 연결하여 문장으로 쓰거나, 들은 이야기를 그림과 글로 재구성하는 등 창의적 발상을 시도함.
가점 요인	■ 평소 글쓰기를 즐기며 자신의 생각을 문장으로 표현하는 습관이 잘 형성되어 있음.

	■ 노래, 연극, 미술, 글쓰기 등 하나의 방식에 갇히지 않고 다양한 매체를 활용해 창의적 표현을 시도함. ■ 혼자 하는 활동뿐만 아니라 협력 활동 중에도 새로운 시도에 참여하려는 긍정적인 태도를 보임.
감점 요인	■ 창의적인 아이디어는 좋으나, 이를 완성도 있는 산출물로 끝까지 마무리하는 끈기가 다소 부족함. ■ 직관적이고 감각적인 표현에는 강하나, 이를 뒷받침할 논리적인 체계나 구조를 세우는 데는 치중하지 못하는 경향이 있음. ■ 분수, 비례식, 과학적 원리 등 복잡한 개념을 창의적으로 응용하는 단계에서는 교사의 도움에 크게 의존함.

한국 교육에서 창의력은 예체능 영역의 전유물처럼 여겨져 왔다. 하지만 2026년 현재, AI가 지식의 습득과 정리를 대신하는 시대에 인간 고유의 역량인 창의력는 국가와 개인의 생존을 결정짓는 핵심 지표가 되었다.

CREDECA AI 시스템은 과거 교사의 주관적 감상에 의존했던 창의성 평가를 '다양한 매체 활용도'나 '자기주도적 표현 습관' 같은 구체적인 데이터로 정량화했다. 이는 학생을 '세상을 창조하는 예술가이자 설계자'로 바라보는 교육적 패러다임의 완성을 의미한다. 이 학생의 경우, 풍부한 표현력을 바탕으로 논리적 사고를 결합한다면 뛰어난 창의적 인재로 성장할 것이다.

:▶ 문제 발견력 및 해결력

일상생활이나 학습 과정에서 불편함이나 의문을 감지하여 문제로 인식하고, 논리적 사고와 자원을 활용하여 이를 효과적으로 해결하는 능력

점수	72점
주요 근거	■ 사회 시간에 환경오염, 자원 절약 문제를 자신의 삶과 연결하여 이해하려 노력함. ■ 봉사활동을 통해 환경 정화 등 직접적인 문제 상황을 인식하고 작은 실천으로 개선해나감. ■ 수학 시간에 기초 연산이나 비례 개념을 활용해 문제해결 방법을 모색함. ■ 실과 교과에서 발명 기법 등을 적용해 생활 속 불편을 해결하려 시도함.
가점 요인	■ 환경 정화 활동, 실생활 소비 활동 같은 현실적인 문제에 관심을 두는 태도가 매우 바람직함. ■ 교사의 안내를 받아 문제를 정의하고 해결책을 찾는 과정에 꾸준히 참여함. ■ 봉사활동과 실천을 통해 '문제를 해결할 수 있다'는 효능감을 쌓고 있음.
감점 요인	■ 스스로 문제를 찾아내기보다 주어진 문제를 해결하는 수동적인 경향을 보임. ■ 해결 과정의 논리성이나 단계별 분석 능력이 미흡하며 결과에 대한 성찰이 부족함. ■ 새로운 상황이 닥쳤을 때 스스로 전략을 짜기보다 교사나 타인의 지도에 크게 의존함.

이제까지 우리의 교육은 많은 지식을 머릿속에 저장하게 하는 데 집중했다. 성적표에도 수학 몇 점, 국어 몇 점 같은 결과만 남을 뿐, 그 학생이 친구와 어떻게 협력했는지, 세상의 문제를 어떤 시각으로 보는지(문제 발견)는 '행동 발달 사항'이라는 주관적인 몇 문장으로만 존재했다.

하지만 CREDECA 미래 교육은 AI를 통해 이러한 정성적인 기록을 객관적인 데이터로 복원해낸다. 이는 아이를 각자의 고유한 역량을 지닌 창의적 설계자로 보는 교육적 전환을 의미한다. 이 학생의 경우, 관찰 중심의 '문제 발견 기록장'을 작성하게 하면 당연하게 여겨지는 현상에서 의문을 도출하는 연습이 될 수 있다.

▶ 협업 능력

공동의 목표를 달성하기 위해 집단 속에서 타인과 효과적으로 소통하고, 각자의 역할을 책임감 있게 수행하며 상호 보완적인 관계를 통해 시너지를 창출해내는 능력

점수	83점
주요 근거	■ 연극 동아리에서 친구들과 함께 극을 준비하며 협력 과정을 경험함. ■ 악기 연주 동아리에서 합주 활동을 하며 타인과 소리 및 호흡을 맞추는 모습이 확인됨.

책임성	<ul><li>원예 동아리 활동 중 모둠 구성원들과 함께 잡초 제거, 물주기, 빗물 저금통 활용 등을 실천하며 공동의 목표를 달성함.</li><li>시험이나 수업 등 일상적인 상황에서 주변을 정리하고 친구들에게 인사하는 등 기본적인 예절과 공동체 의식을 갖추고 있음.</li><li>체육 활동(게임, 네트형 경쟁 등)에서 타인의 도움을 받아 협동적 전략을 탐색하고 긍정적으로 반응하는 모습이 기록됨.</li></ul>
가점 요인	<ul><li>동아리, 봉사, 체육 등 다양한 집단 활동에 성실히 참여하여 풍부한 협업 경험을 쌓음.</li><li>다른 학생들의 도움과 의견을 긍정적으로 받아들이며, 피드백을 통해 자신의 행동을 수정하려는 태도가 우수함.</li><li>갈등 상황보다 협력적인 분위기를 조성하려는 성향을 보임.</li></ul>
감점 요인	<ul><li>팀 내에서 갈등을 중재하거나 주도적으로 리더십을 발휘하는 역할은 아직 부족한 편임.</li><li>협업의 결과에 대해 스스로 평가하고 반성하기보다, 단순히 활동에 참여하는 수준에 그치는 경우가 많음.</li><li>협업 과정에서 창의적·전략적 대안을 제시하기보다 타인의 안내나 지원에 의존하는 모습이 나타남.</li></ul>

협업 능력은 '함께 일하는 것'에 그치지 않고 서로의 다름을 인정하고 복잡한 문제를 공동으로 해결해나가는 '사회적 지능'이 핵심이다. 2015년 이후 국제학업성취도평가(PISA)는 '협력적 문제

해결력'을 주요 지표로 도입했다. 이는 인재의 기준이 '무엇을 아는가'가 아니라 '타인의 지능과 연결되어 어떤 가치를 만드는가'로 이동했음을 의미한다.

CREDECA 시스템은 교사의 주관적인 '행동 발달 사항' 문구에 머물렀던 협업의 기록을, AI를 통해 '피드백 수용도', '팀 내 역할 기여도' 등 실증적인 데이터로 복원해낸다. 이 학생의 경우, 83점이라는 높은 점수에서 알 수 있듯이 이미 훌륭한 조력자이자 분위기 메이커이다. 여기에 주도적 문제 정의 능력과 팀 내 역할 분담 설계를 주도하는 프로젝트를 배정한다면 진정한 협업 리더로 성장할 것이다.

▶ 표현력

자신의 생각, 감정, 정보를 글, 그림, 몸짓, 음악 등 다양한 매체를 활용하여 타인에게 설득력 있고 효과적으로 전달하는 능력

점수	80점
주요 근거	■ 음악 시간에 노래 부르기와 악기 연주를 통해 자신의 느낌을 표현함. ■ 국어 시간에 자신의 생각을 문장으로 잘 표현하고, 교사가 읽어주는 이야기나 시를 듣고 그림이나 글로 정리하는 등 시각적·언어적 표현을 결합하여 자신의 의견을 잘 전달함.

	■ 연극 활동 중 인물의 감정을 신체 동작과 표정으로 생생하게 묘사하고, 미술 활동에서 시각적 요소를 활용해 메시지를 구성함. ■ 영어 시간에 기초적인 자기소개나 인사말을 비롯해 자신의 경험을 친구들 앞에서 이야기하려는 시도가 빈번하게 나타남.
가점 요인	■ 말하기나 글쓰기에 국한되지 않고 음악, 미술, 연극 등 예술적 수단을 융합하여 표현하는 능력이 뛰어남. ■ 환경문제나 역사적 사건(독도 등)을 표현할 때 자신의 가치관을 담아 진심으로 소통하려는 태도가 확인됨. ■ 몸짓과 표정을 적재적소에 사용하여 전달하고자 하는 메시지의 생동감을 높임.
감점 요인	■ 풍부한 감성에 비해 메시지를 논리적으로 구성하거나 기승전결의 구조를 갖추어 전달하는 힘은 다소 약함. ■ 발표 상황에서 자신감 부족으로 인해 실제 역량이 제한적으로 표출될 때가 있음. ■ 창의적인 발상을 구체적인 산출물(정제된 글이나 완성도 있는 작품)로 다듬어내는 세밀한 마무리 능력이 필요함.

표현력은 흔히 국어 교과의 말하기·듣기·쓰기라고 여겨졌지만, 지금은 영상, 이미지, 신체 언어 등을 아우르는 '멀티모달 리터러시'를 지향한다.

CREDECA 시스템은 생활기록부에 흩어져 있던 학생의 예술적·신체적 활동 기록들을 표현력 지표로 통합해낸다. 이는 학생을 지식의 수동적 인출자에서 자신만의 서사를 만들어가는 창작자로 재정의하는 교육사적 진보를 의미한다. 이 학생은 풍부한 감성을 갖추었으므로 앞으로 논리적 구조화 능력을 더한다면 강력한 커뮤니케이터로 성장할 것이다.

▸ 융합 능력(STEAM)

과학(Science), 기술(Technology), 공학(Engineering), 예술(Arts), 수학(Mathematics) 등 서로 다른 영역의 지식과 기술을 통합하여 새로운 가치를 창출하거나 복합적인 문제를 해결하는 능력

점수	70점
주요 근거	■ 수학 시간에 분수, 그래프 등 수학적 원리를 일상생활과 연결하려고 시도함. ■ 과학(별자리 만들기, 소화기관 이해, 발화점 정의 등), 실과(가족생활, 발명 기법 탐구 등)의 폭넓은 주제를 탐구함. ■ 미술과 음악 시간에 판화, 붓글씨, 민요 감상 및 부르기 활동을 하며 예술적 감수성을 키움 ■ 원예, 봉사(환경 정화), 체육(승마, 스케이트) 활동과 학습 내용을 결합하는 실천적 경험을 쌓음.
가점 요인	■ 서로 다른 분야를 연결하려는 시도가 나타나며, 특히 예술과 과학·수학을 함께 경험하며 통합적 학습 태도를 형성 중임. ■ 학문적 지식을 연극, 합주 등 실제 체험 활동과 연계하려는 노력이 확인됨.

<table>
<tr><td>감점 요인</td><td>

- 복합적인 개념(분수, 비례식, 과학적 원리 등)을 다른 영역과 스스로 연결하여 응용하는 응용력이 부족함.
- 발명 기법이나 문제해결 과정에서 융합적 사고를 논리적으로 체계화하는 능력이 미흡함.
- 교사의 도움 없이 독자적으로 지식 간의 연결 고리를 찾는 데 어려움을 느낌.

</td></tr>
</table>

2000년대 초반 미국에서 시작된 STEM(과학·기술·공학·수학) 교육에 Arts(예술/인문)가 결합하며 현재의 STEAM 체계가 완성되었다. 이는 기술적 해결책에 인간에 대한 이해와 창의성을 불어넣기 위한 역사적 선택이었다.

CREDECA 시스템은 이러한 글로벌 흐름을 반영하여 학생이 세상을 얼마나 입체적으로 이해하고 재구성하는지를 측정한다. 이 학생의 경우, 다양한 분야에 호기심을 갖고 지식을 연결해보려는 '통합적 태도'는 우수하지만, 지식 간의 단편적인 연결에 머물러 있어 설계 역량 보완이 필요하다. 예를 들어, 미술 작품을 만들 때 비례식(수학)을 적용해보거나, 원예 활동 중 식물의 성장 속도를 그래프(수학)로 그려보는 등 구체적인 매뉴얼을 스스로 짜보는 연습이 효과적이다.

▶ 논리적 사고력

주어진 정보나 지식을 단순히 수용하는 것이 아니라 타당한 근거

를 바탕으로 주장을 체계화하고 복잡한 문제 상황을 객관적이고
합리적으로 분석하여 결론을 도출하는 능력

점수	68점
주요 근거	■ 국어 시간에 경험한 일을 글로 정리하며 주장과 근거를 구분해보려는 시도를 함. ■ 사회 시간에 세계시민의 역할, 지속 가능한 미래 등 가치 판단이 필요한 주제를 교사의 설명을 통해 논리적으로 수용하려 함. ■ 곱셈·나눗셈, 비례식, 그래프 작성 등 단계적이고 절차적인 문제해결 과정에 성실히 참여함. ■ 도덕 시간에 공정성, 존중, 인류애와 같은 추상적 개념을 익히며 가치 판단의 기준을 형성함.
가점 요인	■ 주장과 근거를 구분하려는 기초적인 사고 체계가 형성되어 있음. ■ 사회·도덕 교과를 통해 다각적인 관점을 접하며 사고를 확장할 잠재력을 보임. ■ 교사의 안내를 받으면 반론이나 타인의 시각을 이해하고 수용하려는 열린 태도를 보임.
감점 요인	■ 생각의 전개 과정이 체계적이지 못하고 단편적인 지식 나열에 그치는 경향이 있음. ■ 복잡한 상황에서 객관적 사실과 개인의 의견을 혼동함. ■ 스스로 사고를 전환하거나 주도적으로 논리적 반론을 제기하는 힘이 부족함. ■ 주어진 정답을 그대로 수용하는 경향이 강해 유연한 관점 전환이 미흡함.

근대 교육의 역사에서 논리력은 주로 수학적 연산이나 과학적 법칙의 이해도에 따른 점수로 환산되어 왔다. 그러나 정보 과잉 시대가 되면서 방대한 정보 속에서 진실을 가려내고 다각도로 분석하는 '비판적 사고력'으로 재정의되었다.

기존에는 교사가 학생의 태도를 보고 주관적으로 '논리적임'이라고 기록했다면, CREDECA 시스템은 학생이 수행한 국어의 주장 구분, 수학의 절차적 해결, 도덕의 가치 판단 기록들을 종합 분석하여 '논리 전개의 체계성'을 정량화한다. 이 학생의 경우, 현재 논리의 기초 공사 단계라 할 수 있다. 성실하게 지식을 습득하고 있으나, 이를 자신의 논리로 재구성하는 힘이 다소 부족한 상태이다. 교사의 설명을 그대로 수용하기보다, 이 근거가 왜 주장을 뒷받침하는지, 다른 관점에서는 어떻게 보일지 등 스스로 질문을 던지는 훈련이 필요하다.

■ 자기주도성

타인에 의존하지 않고 자신의 학습과 삶의 주인이 되어 스스로 목표를 세우고 계획하며 실천해 나가는 능동적인 태도와 실행력

점수	74점
주요 근거	■ 수영, 달리기 등 신체 활동에서 정해진 목표를 끝까지 포기하지 않고 완수함.

	■ 드론 축구, 소금 연주 등 낯선 프로젝트에 스스로 참여를 결정하고 임함. ■ 교실 정리정돈, 봉사활동 등 자신이 맡은 역할에 대해 교사의 지시 없이도 성실하게 수행함.
가점 요인	■ 시작한 일에 대해서는 끈기 있게 마무리하는 태도가 우수함. ■ 낯선 분야(드론, 새로운 악기 등)에 대한 두려움 없이 스스로 시도해보려는 긍정적인 자발성을 지님.
감점 요인	■ '열심히' 참여는 하지만, 활동 전 구체적인 계획을 세우거나 효율적인 전략을 짜는 '설계 역량'이 부족함. ■ 기초적인 과제는 스스로 잘 해내지만, 난도가 높은 문제나 복잡한 창의적 응용이 필요한 단계에서는 교사의 도움을 기다리는 경향이 있음. ■ 활동이 끝난 후 자신이 무엇을 배웠고 어떤 점이 부족했는지 스스로 돌아보는 자기 평가 과정이 약함.

OECD '미래 교육 보고서'에서도 강조하듯 이제 교육의 목적은 학생이 스스로 자신의 삶을 항해할 수 있는 힘, 자기주도성을 길러 주는 것이다.

CREDECA 시스템은 학생이 얼마나 성실하게, '의도'를 가지고 주도적으로 활동했는지를 분석한다. 이 학생의 경우, 주어진 환경에서 최선을 다하고 끝까지 해내는 힘은 매우 우수하다. 하지만 자기주도성을 키우기 위해서는 막연하게 열심히 하기보다 활동 시작 전 단계별 목표를 세우고 이를 달성하기 위한 순서를 적어보는 등의 연습이 필요하다.

ᛣ 디지털 리터러시

디지털 기술과 도구를 활용하여 정보를 검색, 분석, 평가하고, 이를 통해 새로운 콘텐츠를 창작하며 디지털 환경에서 윤리적으로 소통하는 능력

점수	66점
주요 근거	■ 교사의 도움을 받아 관련 정보를 탐색하고 기록함. ■ 컴퓨터와 패드 등 스마트 기기를 활용하여 학습에 필요한 기초 자료를 검색하고 소프트웨어를 실행하는 수준에 도달함. ■ 실과 및 미술 시간에 디지털 도구를 이용해 간단한 그림을 그리거나, 자신의 생각을 디지털 문서로 작성해보려는 시도를 함. ■ 정보통신 윤리 교육을 통해 저작권의 중요성과 디지털 성폭력 예방 등 안전한 인터넷 사용에 대한 기초 지식을 습득함.
가점 요인	■ 새로운 디지털 기기에 대한 거부감이 적고, 학습 도구로서 디지털 매체를 활용하려는 태도가 적극적임. ■ 자신의 강점인 표현력(80점)을 디지털 도구와 결합하여 새로운 형태의 결과물을 만들려는 시도가 확인됨.
감점 요인	■ 검색된 정보의 신뢰성을 스스로 검증하거나 출처를 확인하는 능력이 부족하여, 상단에 노출된 정보를 그대로 수용하는 경향이 있음.

- 저작권 개념은 인지하고 있으나, 실제 과제 수행 시 타인의 창작물을 올바르게 인용하고 활용하는 실천력이 보완되어야 함.
- 단순히 정보를 소비하거나 오락적인 용도로 사용하는 수준에 머물러 있음.
- 데이터를 분석하거나 복잡한 문제를 해결하는 생산적 도구로서의 활용도가 낮음.

20세기까지만 해도 리터러시는 종이에 쓰인 글을 읽고 쓰는 것을 의미했다. 그러나 지금은 정보의 진위를 가려내고, AI와 협업하여 가치를 창출하는 역량이 매우 중요해졌다.

CREDECA 시스템은 기기 조작 수준에서 정보의 신뢰성 검증과 윤리적 사용 의식을 정밀하게 측정함으로써 학생이 미래 사회의 주도적인 디지털 리더가 될 수 있도록 돕고 있다. 이 학생의 경우, 10대 역량 중 디지털 리터러시 점수가 가장 낮은 편이다. 이는 학생이 디지털 환경에는 익숙하지만 이를 비판적이고 생산적인 도구로 사용하는 훈련은 아직 부족함을 의미한다. 유튜브나 포털 사이트에서 얻은 정보를 캔바(Canva)나 패들렛(Padlet) 등을 활용해 직접 인포그래픽이나 짧은 영상으로 제작해보는 경험이 필요하다. 또한 인터넷 정보를 접할 때 사실 여부, 작성자의 목적 등을 확인하는 습관을 길러야 한다. 이는 상대적으로 부족한 논리적 사고력(68점)을 보완하는 데에도 도움이 될 것이다.

❖ 소통 능력

상대방의 의견을 경청하고 자신의 생각과 감정을 말, 글, 비언어
적 수단 등을 통해 명확하게 전달하며 원만한 대인 관계를 유지
하는 상호작용 능력

점수	82점
주요 근거	■ 국어 수업 중 자신의 경험을 글과 말로 표현하고, 교사의 질문에 적절히 반응하며 대화를 이어가려는 태도를 보임. ■ 상대방의 이야기를 경청하려 노력하며, 교사의 안내에 따라 발표 활동에 적극적으로 참여함. ■ 동아리 및 봉사활동에서 친구들과 협력하고 인사하는 등 기본적인 소통 예절을 실천함. ■ 체육 협동 게임을 통해 타인의 움직임을 이해하고 그에 맞춰 반응하는 비언어적 소통을 경험함. ■ 영어 활동에서도 제한적이지만 답변, 의견 표현 등 기초적인 소통을 꾸준히 시도함.
가점 요인	■ 상대방의 말을 주의 깊게 들으려는 경청 태도가 우수함. ■ 교과 활동 전반에서 자신의 생각을 적극적으로 드러내려는 의지가 강함. ■ 협업 과정에서 친구들과 공감하며 소통하려는 실천적 태도를 갖춤.
감점 요인	■ 발표나 글쓰기에서 메시지의 명확성, 설득력이 다소 부족함. ■ 외국어 소통 상황에서 자신감이 낮고, 교사나 도구에 대한 의존도가 높음. ■ 깊이 있는 의견을 교환하기보다 단순 반응이나 대답 수준에 머무는 경우가 많음.

현대사회에서 소통 능력은 정보 전달뿐 아니라 타인과 공감하고 협력하여 새로운 가치를 만드는 데 꼭 필요한 능력이다. CREDE-CA 시스템은 학생이 수업 중 한 질문, 경청, 협력적 반응 등 소통의 전 과정을 데이터로 분석하여 정량화한다.

이 학생의 경우, 상대방을 존중하고 대화에 적극적으로 참여하는 소통의 기초 역량은 갖춰져 있다. 다만, 아직은 단순 반응 정도라 전략적이고 깊이 있는 소통으로의 도약을 위해 자신의 의견을 결론-이유-사례의 구조로 말하는 연습을 하여 설득력을 강화하는 노력이 필요하다.

▶ 도전정신

어려움이나 실패의 가능성 앞에서도 두려움 없이 새로운 과제에 참여하며, 목표를 달성할 때까지 끈기 있게 노력을 지속하는 능력

점수	85점
주요 근거	■ 수학여행 중 더운 날씨에도 묵묵히 완주하며 포기하지 않는 태도를 보임. ■ 체육 활동(스케이트, 네트형 경쟁 등)에서 새로운 동작과 전략을 배우려는 강한 의지를 드러냄. ■ 연극, 합주, 미술, 붓글씨 등 익숙지 않은 예술 활동에 꾸준히 참여하며 자신을 표현함. ■ 과제의 난도가 높아 교사의 도움을 받더라도, 중도에 포기하지 않고 끝까지 수행하려는 끈기를 유지함.

가점 요인	■ 실패나 어려움 앞에서도 활동을 지속하는 회복 탄력성이 매우 뛰어남. ■ 승마, 봉사, 교내외 체험활동 등 다채로운 영역에 끊임없이 도전함. ■ 반복적인 훈련과 연습을 통해 스스로 성취를 이루어낸 소중한 성공 경험을 다수 보유함.
감점 요인	학생의 꾸준함과 적극성이 매우 높게 평가되어 이 영역에서는 특별한 감점 요인이 발견되지 않음.

교육에서 도전은 오랫동안 주로 인내와 극기라는 유교적·도덕적 가치로 다루어져왔다. 과거에는 정해진 목표를 향해 묵묵히 나아가는 성실성을 높이 평가했으나, 오늘날에는 아무도 가지 않은 길을 개척하는 '기업가 정신' 또는 실패해도 다시 일어서는 '회복 탄력성'을 강조한다.

CREDECA 시스템은 주관적인 관찰로만 기록되던 학생의 인내와 도전을 실질적인 활동 데이터(수학여행에서의 태도, 체육 전략 탐색 등)를 통해 객관적 지표로 보여준다. 이 학생의 경우, 10대 역량 중 이 역량에서 가장 높은 점수를 기록했다. 이것은 도전정신이 이 학생의 핵심 강점이며, 불확실한 문제에 직면했을 때 회피하기보다 정면으로 돌파할 준비가 되어 있음을 시사한다.

CREDECA AI 기반 생활기록부 평가 결과(고등학생 사례)

제시된 자료는 CREDECA AI 기반 생활기록부 평가 시스템을 통해 도출된 고등학생 대상자_1의 종합 평가 결과와 상세 분석 리포트이다. 이를 통해 대상자_1이 고교 3년간 '교사'라는 명확한 진로 목표를 향해 얼마나 입체적으로 성장했는지를 알 수 있다.

| 종합 평가 결과(Overall Evaluation) |

분석 대상자 이름		대상자_1	
학교/ 학년/ 반		불명	
문서 버전		2.0	
작성일		2025.08.26	
평가기관		CREDECA	
항목	점수(100점 만점)	항목	점수(100점 만점)
창의력	87	논리적 사고력	91
문제 발견력 및 해결력	90	자기주도성	93
협업 능력	92	디지털 지터러시	86
표현력	89	소통 능력	94
융합 능력(STEAM)	85	도전정신	88

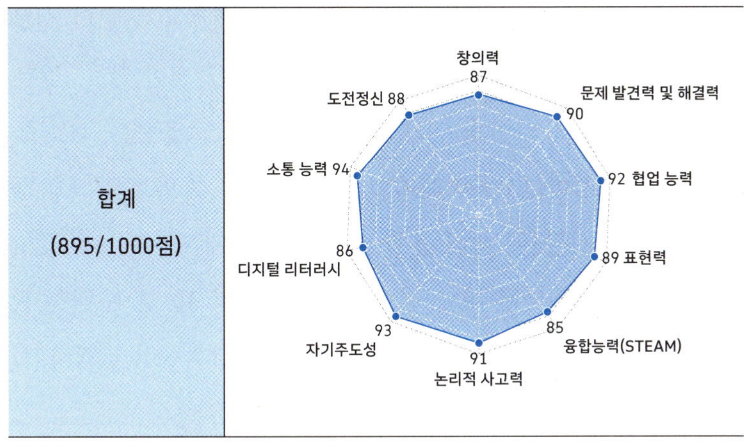

이 리포트는 초등학생 시기에 비해 모든 영역에서 점수가 크게 상승하여 대학 교육을 수행하기 위한 학업적 토대는 물론, 실천 역량까지 갖추었음을 보여준다. '교사'라는 구체적인 진로 목표를 달성하기 위해 교과와 비교과 활동이 체계적으로 정렬되어 있고, 사회적 역량이 탁월함을 알 수 있다. 특히, 소통 능력(94점)과 자기주도성(93점), 협업 능력(92점)이 최상위권을 기록하며 교육자로서 갖춰야 할 핵심 자질을 갖추었음을 증명하고 있다.

종합 평가 요약(Overall Evaluation Summary)

해당 학생은 명확한 진로 목표를 중심으로 학업·탐구·봉사·예술 활동을 유기적으로 연결하며 성장해온 모습이 두드러진다.

강점　진로와 연계된 독서·탐구·실험·프로젝트를 꾸준히 실행하고 성찰하는 태도가 인상적이다(자기주도성). 또한 발표, 토론, 모의수업 등에서 타인의 이해를 돕고 갈등을 조율하는 소통 및 협업 능력이 뛰어나고, AI 디지털 교과서 도입, 스마트폰 사용 등 복합적인 사회문제에 대해 균형 잡힌 대안을 제시하며 논리 전개가 탁월하다(문제해결 및 논리성). 뿐만 아니라 3D 설계, 과학 탐구 등을 환경문제 해결까지 확장하는 융합적 창의성을 보였다.

발전 필요 영역　활동의 무대가 주로 교내에 한정되어 있어 외부 성과(대회·공모전·연구 참여 등)로 이어진 사례가 부족하고, 도전정신 영역에서 진로 분야 외 다양한 분야로의 확장 경험은 상대적으로 제한적이다.

종합 의견　해당 학생은 균형 잡힌 핵심역량을 고르게 발휘하면서도 장기적 목표의 일관성을 유지하는 점에서 높은 성취 잠재력을 지닌 인재로 평가할 수 있다.

세부 역량 평가

▶ 창의력

기존의 지식을 바탕으로 새로운 시각에서 문제를 정의하고, 다양한 영역을 융합하여 독창적이며 가치 있는 해법을 도출하는 역량

점수	87점
주요 근거	<ul><li>다양한 수업과 탐구 활동에서 새로운 시각으로 주제에 접근함.</li><li>AI 디지털 교과서 도입 및 스마트폰 사용 문제 등 교육 현장의 갈등 상황에서 새로운 해결책과 균형 잡힌 대안을 모색함.</li><li>독서 활동을 통해 얻은 성찰을 자신의 꿈인 '교사'와 연결하여 시와 수필 등 상징적 언어로 표현함.</li><li>과학 탐구 활동에서 원소 복원팩 실험을 실생활과 연계하고, 3D 설계 과제를 환경문제 해결과 결합하는 융합적 창의성을 보임.</li></ul>
가점 요인	<ul><li>습득한 지식을 사회적 의미와 가치 판단까지 사고를 확장하는 태도가 우수함.</li><li>교과 전반에 걸쳐 창의적인 탐구 보고서와 결과물을 지속적으로 산출함.</li><li>발표와 토론 시 실행 가능한 대안을 내놓으며 논리적 창의성을 증명함.</li></ul>
감점 요인	<ul><li>산출물의 수는 많으나, 심화 학습이나 장기간 지속되는 프로젝트를 통한 전문적 성과는 상대적으로 부족함.</li><li>참신한 아이디어에 비해 이를 구체적으로 실현하기 위한 세부 단계 구상이 다소 부족함.</li><li>에세이나 탐구 보고서 수준의 창의적 산출물은 풍부하나, 이를 공모전이나 학술지 투고 등 외부 성과로 확장하지 못함.</li></ul>

그동안 창의성 교육은 입시에 방해된다는 이유로 외면되기 일쑤였다.

하지만 지금은 비판적 사고와 창의적 발상은 대학 입학의 핵심 지표이다. CREDECA 시스템은 이 학생이 시를 잘 쓰는 것뿐 아니라 스마트폰 사용 문제 같은 사회적 갈등을 창의적으로 조율하려 했다는 점에 주목한다. 이것은 창의성이 개인의 재능에서 공동체의 문제를 해결하는 사회적 역량으로 진화했음을 보여준다.

이 학생의 경우, '교사'라는 진로 목표를 창의적 에너지의 원천으로 잘 활용하고 있다. 다만, 아이디어를 구상하는 단계에서 학교 현장이나 실생활에 적용할 수 있는 구체적인 시제품이나 행동 매뉴얼로 제작해 보는 경험이 필요하다. 또한 학교 내에서의 우수한 창의적 산출물(3D 설계, 교육 환경 보고서 등)을 다듬어 전국 단위 공모전이나 청소년 학술대회에 도전한다면 자신의 창의성을 객관적으로 검증받는 중요한 경험이 될 것이다.

▶ 문제 발견력 및 해결력

일상생활이나 학문적 탐구 과정에서 숨겨진 문제점을 민감하게 포착하고, 이를 해결하기 위해 논리적 분석과 창의적 대안을 결합하여 최적의 결과를 도출하는 역량

점수	90점
주요 근거	■ AI 디지털 교과서 도입, 스마트폰 사용 등 교육 현장의 갈등을 '해결해야 할 과제'로 정의하고, 찬반 양측의 논리를 분석하여 절충안을 모색함.

	■ 기후위기와 환경오염의 심각성을 인지하고, 이를 해결하기 위해 3D 설계 기술을 활용한 구조물 고안이나 과학적 원리(원소 복원 등)를 적용한 실천적 탐구를 수행함. ■ 독서 활동을 통해 교육 불평등 문제를 발견하고, 이를 자신의 진로(교사)와 연결하여 해결 방안을 성찰함.
가점 요인	■ 막연한 불편함을 구체적인 연구 주제나 토론 안건으로 전환하는 능력이 매우 뛰어남. ■ 복합적인 사회문제에 대해 한쪽으로 치우치지 않고 다각도로 원인을 분석하여 합리적인 대안을 제시함. ■ 과학적 지식과 기술적 도구(3D 설계 등)를 문제해결의 수단으로 능숙하게 결합함.
감점 요인	■ 이론적 대안은 훌륭하나, 실제 현장(학교, 지역사회 등)에 적용하여 결과를 피드백 받는 실천적 검증 단계는 부족함. ■ 이슈를 발표나 보고서로 마무리하는 경향이 있어, 심층적이고 장기적인 연구 성과가 필요함.

과거의 문제해결력은 수학 공식을 적용해 정답을 맞히는 수동적인 과정이었다. 하지만 존 듀이(John Dewey)의 실용주의 교육론이 대두되면서 문제는 교과서 안이 아니라 학생의 삶과 사회 속에 존재하는 것으로 재정의되었다. 이 학생처럼 스스로 질문을 던지고 대안을 설계하는 역량은 현대사회가 요구하는 인재상이다.

CREDECA 시스템이 이 학생에게 90점이라는 높은 점수를 부여한 것도 교육과 환경이라는 인류 공동의 문제를 자신의 과업으로 인식했기 때문이다. 이는 평가의 기준이 지식의 축적에서 사회적 공헌을 위한 지능의 활용으로 변화되었음을 상징한다.

이 학생의 경우, 사회적 민감성이 매우 우수한 학생으로, 특히 교육 분야의 이슈를 포착하는 눈이 날카로워 미래의 교육 행정가나 교사로서의 잠재력이 돋보인다. 다만, 거의 모든 활동이 교내에 한정되어 있어 활동 범위를 넓혀 전문가에게 이메일을 보내거나 관련 기관에 문의하여 자신의 해결책에 대한 피드백을 받는 노력이 필요하다.

:• 협업 능력

공동의 목표를 달성하기 위해 팀원들과 소통하고, 갈등을 중재하며, 각자의 강점을 결합하여 시너지를 창출하는 역량

점수	92점
주요 근거	■ 모의수업, 발표, 토론 등 팀 프로젝트 과정에서 발생할 수 있는 의견 차이를 조율하고, 팀원들이 공동 목표에 집중하도록 이끄는 화합 능력이 탁월함. ■ 환경 캠페인, 과학 실험, 예술 합주 등 다양한 분야에서 자신의 역할을 명확히 수행하며 팀의 완성도를 높임. ■ 교육 봉사나 지역사회 정화 활동을 통해 타인과 공감하고 소통하는 공동체 의식을 행동으로 보여줌.
가점 요인	■ 상황에 따라 팀을 이끄는 리더의 역할과 팀원을 뒷받침하는 조력자의 역할을 유연하게 수행함.

	■ 팀원의 의견을 경청하고 수용하여 결과물을 개선하려는 열린 태도가 확인됨. ■ 팀의 친목뿐 아니라 프로젝트의 성공적인 완수라는 목표를 중심으로 팀워크를 결합하는 힘이 강함.
감점 요인	■ 협력 과정에서 팀원 개개인의 역량에 따른 세밀한 업무 분담보다는 전체적인 화합에 더 치중하여 효율성이 다소 떨어질 수 있음. ■ 학교 내 친구들과의 협업은 매우 우수하나, 지역사회 전문가나 외부 기관과 협력 모델을 구축한 사례는 상대적으로 적음.

점수 중심 교육에서 평가는 개인의 답안지를 중시했기에 학생들 간의 경쟁을 부추겼다. 그러나 현대사회는 서로 다른 지능을 연결하여 복합적인 문제를 함께 해결하는 '집단지성'이 국가와 개인의 경쟁력이 되었다.

CREDECA 시스템은 이 학생이 팀 프로젝트에서 어떻게 갈등을 중재하고 동료의 이해를 도왔는지를 데이터화한다. 이는 평가의 패러다임이 '나홀로 천재'를 찾는 것에서 '함께 성장할 줄 아는 리더'를 발굴하는 것으로 전환했음을 의미한다. 이 학생의 경우, 공동체의 성장을 돕는 교육 리더로서의 자질을 협업 역량(92점)을 통해 확실하게 증명하고 있다. 특히, 갈등을 조율하며 소통하는 모습은 미래 교사로서 가장 핵심적인 역량이라 할 수 있다. 학교 밖 청소년 단체나 지역사회문제 해결을 위한 온라인 연합 동아리 등에서 프로젝트 매니저(PM) 역할을 수행해보는 경험을 한다면 이러한 역량을 한층 더 강화할 수 있을 것이다.

▶ 표현력

자신의 생각과 지식을 말, 글, 이미지 등 다양한 매체를 활용하여 타인에게 설득력 있게 전달하고 공감을 이끌어내는 역량

점수	89점
주요 근거	■ 독서 활동 후 자신의 내면적 성찰을 시와 수필 등 상징적인 문학 언어로 변환하여 표현하는 능력이 탁월함. ■ 진로 목표(교사)에 맞춰 발표, 토론, 모의수업에서 학습자의 이해를 돕기 위한 명확하고 설득력 있는 표현 기법을 사용함. ■ 3D 설계, 과학 탐구 보고서 등 기술적·학술적 데이터를 시각적 자료로 구조화하여 전달하는 등 표현의 범위를 넓힘.
가점 요인	■ 예술적 감수성을 담은 서술형 표현과 논리적 근거를 바탕으로 한 설명형 표현이 균형을 이루고 있음. ■ '교사'로서 갖추어야 할 지식 전달력을 발표와 수업 시뮬레이션을 통해 꾸준히 연마함. ■ 복잡한 사회문제나 추상적 개념을 비유나 상징을 통해 쉽고 깊이 있게 전달하는 재능이 돋보임.
감점 요인	■ 뛰어난 표현력이 주로 교내 과제물에 국한되어 있어 외부로 발신(출판, 전시, 온라인 플랫폼 게재 등)된 사례가 부족함.

■ 텍스트와 말하기 능력은 최상위권이나, 영상 편집이나 데이터 시각화 등 최신 디지털 툴을 활용한 표현의 정교함은 보완이 필요함.

표현력은 리더가 갖춰야 할 핵심 역량으로, 언변뿐 아니라 다양한 매체로 메시지를 발신하는 능력이 매우 중요하다. CREDECA 시스템은 이 학생이 문학적 감수성과 교육적 전달력을 결합한 독특한 표현 방식을 지니고 있음에 주목한다.

다만, 교내 과제물에 국한되어 있으므로 작성한 우수한 에세이나 탐구 보고서를 블로그나 브런치, 혹은 학생 학술 사이트에 꾸준히 게재해보고, 논리적 사고력(91점)과 연계하여 복잡한 교육 통계나 과학 데이터를 인포그래픽이나 차트로 변환하는 연습을 하면 표현력을 더욱 더 높일 수 있을 것이다.

⋮ 융합 능력

과학(Science), 기술(Technology), 공학(Engineering), 예술(Arts), 수학(Mathematics) 등 서로 다른 영역의 지식을 유기적으로 결합하여 복합적인 문제를 해결하거나 새로운 가치를 창출하는 역량

점수	87점
주요 근거	■ 3D 설계 및 프린터 활동에 환경문제 해결 아이디어를 접목하여 실천적 대안을 고안함. ■ 음악 카드뉴스, 환경 주제 미술 작품 제작 시 예술적 감수성과 사회적 메시지를 통합함. ■ 수학적 원리(원의 방정식, 미분법)를 진앙 위치 계산 등 실제 재단 안전 사례에 적용하여 해법을 탐구함. ■ 독서 활동을 '교사'라는 진로 목표와 연결하여 교육학적 관점으로 확장함. ■ 과학·사회·문학적 주제를 학제적으로 분석함.
가점 요인	■ 교과와 비교과 전반에서 예술–환경, 수학–실생활을 연결하는 융합적 시각을 꾸준히 발휘함. ■ 지식을 습득하는 데 그치지 않고 실제 문제해결과 가치 창출로 발전시키려는 시도가 다수 확인됨.
감점 요인	■ 장기적이고 체계적인 융합 프로젝트로 발전시킨 기록이 상대적으로 부족함. ■ 수학·과학의 생활 적용은 우수하나, 프로그래밍 등 공학적 구현의 깊이는 보완이 필요함. ■ 우수한 융합적 산출물이 대회 수상이나 논문 등 공식적인 외부 성과로 연결되지 못함.

21세기에 접어들면서 환경, AI, 전염병 등 단일 학문으로는 해결할 수 없는 복합적 난제들이 계속해서 등장했다. 이런 상황에서 STEAM 교육은 이제 선택이 아닌 필수가 되었다.

CREDECA 시스템은 이 학생이 수학적 미분법을 사회적 안전(진앙 계산)과 연결하고, 음악을 사회적 메시지 전달 도구로 사용한 점에 주목한다. 이는 매우 수준 높은 융합적 사고를 증명하며 학생이 세상을 얼마나 입체적으로 이해하고 있는지를 보여주는 지표이다. 다만, 감점 요인으로 지적된 외부 성과로의 연결을 위해 교내 산출물을 다듬어 청소년과학탐구대회나 STEAM융합교육 공모전 등에 출품하여 전문가의 피드백을 통해 자신의 융합 사고가 학문적으로 얼마나 타당한지 검증받는 과정이 필요하다.

▶ 논리적 사고력

주어진 정보의 타당성을 비판적으로 검토하고, 인과관계에 따라 체계적인 추론을 수행하며 객관적 근거를 바탕으로 설득력 있는 결론을 도출하는 역량

점수	91점
주요 근거	■ AI 디지털 교과서 도입, 스마트폰 사용 규제 등 첨예한 교육·사회적 이슈에 대해 논리적 허점을 분석하고 다층적으로 원인을 파악함. ■ 특정 입장에 치우치지 않고 사회적 갈등을 중재할 수 있는 논리적이고 합리적인 대안을 설계함. ■ 과학 탐구 시, 가설 설정부터 결론 도출까지 인과관계에 따라 체계적으로 서술함. ■ 인문·사회과학 도서를 읽고 저자의 논리를 비판적으로 검토하고 자신의 견해를 논리적인 글로 정리함.
가점 요인	■ 복합적인 문제를 핵심 요소별로 분해하고 각 요소 간 상관관계를 파악하는 분석력이 매우 뛰어남.

	■ 모든 주장 뒤에 객관적 사실이나 통계, 학술적 이론을 뒷받침하는 습관이 잘 형성되어 있음. ■ 단편적인 지식의 나열이 아니라, 'A이므로 B이고, 따라서 C이다'라는 논리적 연쇄가 단단하게 연결된 사고 구조를 지님.
감점 요인	■ 논리적 전개는 완벽하나, 자신의 가설을 실제 실험이나 설문, 통계 분석을 통해 수치화된 데이터로 증명한 사례 보완이 필요함. ■ 수준 높은 사고력에 비해 소논문이나 학술적 에세이 등 공식적인 형식으로 외부 평가를 받은 경험이 적음.

AI가 지식을 생성하는 시대가 되면서 지식의 양보다 지식의 논리적 타당성을 검토하는 비판적 사고가 매우 중요해졌다. CREDECA 시스템은 이 학생이 정보를 수용하는 데 그치지 않고 'AI 교과서 도입'과 같은 최신 이슈에 대해 균형 잡힌 대안을 제시했다는 점에 높은 점수를 부여했다. 이는 평가가 교과서적 논리에서 현실 문제를 해결하는 비판적 지성으로 진화했음을 의미한다.

이 학생은 이성적인 중재자로서의 면모를 갖추고 있다. 특히 91점이라는 고득점은 이 학생이 대학 교육에서 요구하는 비판적 읽기와 쓰기 역량을 충분히 갖추었음을 시사한다. 교내 토론이나 발표에서 제시했던 대안들을 학술적 형식을 갖춘 연구 보고서로 발전시키면 입시에서 학업 역량과 논리적 사고력을 동시에 증명하는 포트폴리오가 될 것이다.

⁛자기주도성

자신의 학습 목표를 스스로 설정하고 필요한 전략을 선택하며 실행 과정과 결과를 성찰하여 자신의 삶을 능동적으로 이끌어가는 역량

점수	93점
주요 근거	■ '교사'라는 명확한 목표를 세우고, 이와 관련된 독서(교육학, 심리학 등), 탐구·실험 프로젝트, 봉사활동을 스스로 계획하고 꾸준히 실행함. ■ 활동의 성공 여부와 관계없이 매 프로젝트가 끝난 후 자신의 부족한 점과 배운 점을 기록하고, 이를 다음 활동의 계획에 반영함. ■ 교과서 기초 개념을 토대로, 스스로 심화 주제(AI 디지털 교과서, 3D 환경 설계 등)를 선정하여 보고서와 발표로 연결함.
가점 요인	■ 3년 내내 '교육'이라는 하나의 큰 줄기를 중심으로 모든 활동을 정렬시킨 집요함과 일관성이 돋보임. ■ 자신이 무엇을 알고 무엇을 모르는지 정확히 파악하여 부족한 부분을 채우기 위한 구체적인 학습 전략(독서, 실험 등)을 수립함. ■ 계획에 그치지 않고 결과물을 반드시 만들어내는 과업 완수 능력이 매우 탁월함.
감점 요인	■ 강한 자기 주도적 에너지를 지녔으나 활동 범위가 주로 교내 개인 탐구에 머물러 있음. ■ 더 큰 성장을 위해 외부 전문가나 대학 기관의 자원을 끌어와 활용하는 '전략적 주도성'은 보완이 필요함.

2020년대에 들어 OECD는 미래 인재의 핵심 조건으로 학생 주도성을 꼽았다. 과거에는 선생님 말씀 잘 듣고 시키는 대로 따라오는 학생이 우수한 학생이었지만, CREDECA 시스템은 이 학생이 스스로 교육 이슈를 찾아 탐구하고 성찰하는 과정에 93점이라는 높은 점수를 주었다. 이는 평가가 '순응하는 모범생'에서 자신의 삶을 스스로 설계하고 주도해가는 학생을 발굴하는 것으로 바뀌었음을 보여준다.

이 학생은 93점이라는 점수가 말해주듯 학업 역량의 근간이 완성되어 있다. 이제 자기주도성의 외연을 확장하는 것이 필요하다. 본인이 탐구한 '미래 교육 대안' 보고서를 관련 연구소나 교육청의 게시판에 제안해보거나, 청소년 교육 포럼에 직접 참여하는 등 활동의 무대를 넓히는 것이 바람직하다.

▷ 디지털 리터러시

디지털 도구와 정보를 활용하여 문제를 해결하고, 방대한 정보의 신뢰성을 비판적으로 검증하며 디지털 환경 속에서 윤리적 책임을 다하는 역량

점수	86점
주요 근거	■ 3D 설계 및 프린터 활동으로 환경문제 해결 모델을 구현하는 등 디지털 기술을 실질적인 문제해결 도구로

	활용함. ■ AI 교과서 도입 토론 시 장단점을 다각도로 조사하여 자료의 신뢰성을 평가하고, 기후위기 기사 작성 시 데이터를 토대로 대안을 제시함. ■ 스마트폰 과몰입의 위험성을 자각하고 올바른 사용 방안을 다짐하는 등 선용하려는 태도를 보임. ■ 온라인 매체 활용 시 유익한 앱을 선택적으로 사용하려는 태도를 보임.
가점 요인	■ 교과와 비교과를 가리지 않고 디지털 도구를 고르게 활용하여 학습 효율을 높임. ■ 문제해결과 창의적 산출물 제작 과정에 디지털 매체를 능숙하게 결합함. ■ 윤리 교육 이후 자신의 디지털 사용 습관을 스스로 돌아보고 개선하려는 태도 변화가 기록됨.
감점 요인	■ 고급 수준의 프로그래밍이나 심화된 데이터 분석 경험은 상대적으로 적음. ■ 윤리적 태도는 갖추었으나, 기술적 차원의 정보 보안 실습 경험이 부족함. ■ 활동 범위가 주로 교내에 한정되어 있음.

현대사회에서 디지털 정보를 다루는 능력은 갈수록 그 중요성이 커지고 있다. 2000년대 초반만 해도 기기를 조작하는 컴퓨터 활용 능력이 강조되었으나, 이제는 정보의 신뢰성을 분별하고 디지털 기술로 사회에 기여하는 역량이 더 중요해졌다.

CREDECA 시스템은 이 학생이 디지털의 양면성을 논리적으로 분석했다는 점에 주목한다. 학생은 컴퓨터를 잘 다루기도 하고, 디지털 기술에 사회적 가치(환경, 교육 등)를 입히는 능력도 뛰어나다. 본인의 진로인 '교사'와 연계하여 디지털 교과서나 학습 분석 시스템의 알고리즘 원리를 탐구해보면 지금의 감점 요인을 보완할 수 있을 것이다.

▌ 소통 능력

자신의 논리를 바탕으로 타인과 상호작용하며 합의를 도출하고 공동체의 문제를 해결하는 역량

점수	94점
주요 근거	■ '교사'라는 진로에 맞춰 진행된 모의수업과 발표 활동에서 학습자의 눈높이에 맞는 명확한 언어 구사와 시각 자료 활용으로 탁월한 전달력을 보임. ■ AI 디지털 교과서, 스마트폰 사용 규제 등 찬반이 나뉘는 민감한 주제의 토론에서 상대방의 논리를 존중하면서도 자신의 대안을 논리적으로 설득함. ■ 3D 설계 설명, 환경 캠페인 카드뉴스 제작 등을 통해 글과 말뿐만 아니라 시각적 매체를 활용해 대중과 소통하는 능력을 증명함. ■ 독서 성찰 기록 및 봉사활동에서 타인의 아픔이나 사회적 약자의 목소리에 귀 기울이고 이를 자신의 언어로 승화시키는 공감 능력이 뛰어남.

가점 요인	■ 청중의 수준에 따라 설명 방식을 조절하는 전략적 소통 능력이 매우 우수함. ■ 팀 프로젝트에서 발생한 의견 대립을 논리적 근거와 따뜻한 공감을 통해 원만하게 해결함. ■ 복잡한 개념을 비유나 사례를 들어 쉽게 풀어내는 능력이 고등학생 수준을 뛰어넘음.
감점 요인	■ 국어 기반 소통은 완벽에 가까우나, 외국어(영어 등)를 활용한 실질적인 글로벌 협력 사례가 상대적으로 부족함. ■ 소통의 무대가 주로 교내에 머물러 있어, 외부 대중이나 전문가 집단을 설득해본 경험이 보완되어야 함.

소통(Communication)은 공동체를 유지하고 발전시키는 가장 강력한 도구이다. 과거 교육 현장에서는 선생님의 말씀을 잘 받아 적는 수동적 듣기가 미덕이었으나, 지금은 자신의 논리를 세우고 타인과 끊임없이 상호작용하며 합의를 도출하는 역량이 경쟁력이 되었다.

CREDECA 시스템은 이 학생이 모의수업에서 보여준 설명력과 토론에서 보여준 중재력에 최고점을 부여했다. 이는 타인의 마음을 움직이고 공동체의 의사결정을 이끄는 최상위 수준의 소통 능력을 지녔음을 입증한다. 감점 요인으로 지적된 글로벌 협력이나 소통 사례를 보완하기 위해 본인의 교육적 견해나 환경 프로젝트 결과물을 영문 에세이로 작성하거나, 해외 학생들과 교류하는 온라인 포럼에 참여하는 등 소통의 범위를 세계로 넓히는 노력을 기울이는 것이 필요하다.

▪ 도전정신

실패에 대한 두려움을 극복하고 새로운 영역에 자발적으로 뛰어들며 난관에 부딪혔을 때 이를 극복하고 목표를 완수해내는 역량

점수	88점
주요 근거	■ 인문학적 성향이 강함에도 3D 설계, 과학 실험(원소 복원 탐구), 데이터 분석 등 공학적·기술적 영역에 주저 없이 도전하여 결과물을 산출함. ■ 수학여행 등 외부 활동에서 겪은 신체적 고충이나 프로젝트 수행 중 발생한 예상치 못한 문제들을 포착하고, 이를 포기하지 않고 끝까지 완수하는 강한 인내심을 보임. ■ 시 쓰기나 대중 앞에서의 모의수업 등 심리적 장벽이 높은 활동에 자발적으로 참여함.
가점 요인	■ 새로운 교과 활동이나 프로젝트가 주어졌을 때 가장 먼저 참여하려는 능동적인 태도가 돋보임. ■ 실험 실패나 의견 충돌 상황에서 감정적으로 무너지지 않고, 원인을 분석하여 다시 시도하는 '재도전정신'이 우수함. ■ 자신의 주 전공(교육) 외에도 환경, 과학, 예술 등 다양한 분야로 도전의 범위를 넓히며 다각적인 성장을 도모함.

<table>
<tr><td>감점 요인</td><td>
■ 학교 내 프로그램에서의 도전은 훌륭하나, 국가 공인 자격, 고난도 외부 대회 등 학교 밖 경험은 상대적으로 적음.
■ 성공 가능성이 어느 정도 보장된 교내 활동 위주로 참여하는 경향이 있어, 완전히 낯선 환경에서의 과감한 도전은 보완이 필요함.
</td></tr>
</table>

이제까지 대한민국의 입시 제도는 학생들을 도전보다는 수동적이고 안전한 길로만 몰아넣었다. 그러나 CREDECA 시스템은 이 학생이 자신의 전공과 무관해 보이는 3D 설계나 복잡한 과학 실험에 기꺼이 참여했다는 점에 주목하여 88점을 부여했다. 이는 평가가 결과에 치중했던 것에서 한계를 돌파하려는 용기와 과정의 진정성을 보기 시작했다는 것을 의미한다.

이 학생이 받은 도전정신 점수 88점은 대학 진학 후에도 어떤 과제가 주어지든 성실히 해낼 것임을 보증한다. 여기에서 한 걸음 더 발전하려면 본인이 전혀 경험해보지 못한 분야의 대외 활동이나 창업 캠프, 혹은 고밀도 프로젝트에 참여해보는 것이 필요하다. 낯선 이들과 낯선 문제를 해결하며 겪는 시행착오가 학생을 더 큰 인재로 성장하게 할 것이기 때문이다.

CREDECA AI 시스템 Q & A

AI 알고리즘 평가 방식

교사의 주관적인 서술과 입학사정관의 밀실 평가는 오랫동안 불공정 시비의 중심에 있었다. 현재 우리가 직면한 AI 기반 평가 시대는 객관성(숫자)과 정성적 가치(맥락)를 역사상 처음으로 통합하려는 시도이다. CREDECA 시스템이 판단 근거를 상세히 공개하는 이유는, 결과만 통보받던 교육 평가에서 평가 과정에 참여하고 납득할 수 있는 평가의 공정성과 투명성을 확보하기 위함이다.

Q1. 10가지 지표 각각의 점수는 어떻게 만들어지나?

AI는 생활기록부의 서술형 문장에서 자연어 처리 엔진(NLP)을 통해 단어의 문맥적 의미를 파악합니다. 예를 들어, '리더십'이라는 단어가 들어가 있다면, 학생이 어떤 상황에서 어떤 행동을 통해 이 역량을 발휘했는지를 분석합니다. 학생이 도전한 활동의 난이도와 성격(과업), 팀 내에서의 주도성 및 기여도(역할), 지속성(투입 기간/횟수), 그리고 실질적 변화나 결과(성과/증빙)를 다각도로 추출합니다. 추출된 데이터는 사전 학습된 알고리즘을 통해 10대 역량 지표로 분류되며, 최종 점수와 함께 '데이터 품질(기록 충분도)' 지표를 제공하여 기록의 양이 점수에 미치는 영향을 투명하게 공개합니다.

Q2. AI의 판단 기준과 가중치는 누가 정하는가?

AI는 독자적으로 기준을 세우지 않으며, 전문가 자문 위원회(교사, 입학사정관, 교육학자, 심리측정 전문가, 법/윤리 담당자 등)가 설정한 가이드라인을 엄격히 따릅니다. 이 위원회는 2022 개정교육과정의 핵심역량과 대학의 입학전형 기준을 분석하여 평가 루브릭을 설계합니다. 특히, 특정 역량에 치우치지 않도록 역량별 가중치 밸런스를 상시 모니터링하며, 사회적 변화에 맞춰 가중치 변경이 필요할 경우, 그 사유와 이력을 시스템에 기록하여 투명성을 유지합니다.

Q3. 동일 데이터를 넣으면 항상 같은 결과가 나오나?

네, 동일한 버전의 엔진에서는 항상 일관된 결과가 나옵니다. 이는 평가의 형평성을 담보하는 핵심 기술입니다. 다만, AI 모델이 고도화되어 버전이 업데이트될 경우 점수 분포가 미세하게 변할 수 있습니다. 이를 방지하기 위해 CREDECA는 '버전별 점수 보정 체계'를 갖추고 있으며, 학생이 과거의 기록과 현재의 기록을 공정하게 비교할 수 있도록 백분위 매핑 정보를 함께 제공합니다.

Q4. 학생·학부모도 AI의 판단 근거를 볼 수 있나?

네, 적극적으로 공개합니다. 학생용 보고서에는 점수 산출의 결정적 증거가 된 문장 하이라이트와 점수에 긍정적/부정적 영향을 준 핵심 요약 정보가 포함됩니다. 제도적으로는 평가 루브릭과 주요 지표 목록을 공개하여 평가의 예측 가능성을 높입니다. 단, 특정 단어를 반복 입력하여 점수를 높이려는 '어뷰징(Abusing)'을 차단하기 위해, AI 내부의 세부 가중치 수치는 전략적으로 비공개하여 평가의 본질을 보호합니다.

공정성 및 편향성 관련

교육 평가의 공정성을 방해하는 가장 큰 요소는 '후광 효과'이다. 명문 학교 출신이라거나 글 솜씨가 유려하다는 이유로 실제 역량보다 높은 점수를 받는 경우가 있었다. CREDECA 시스템의 '포화 함수'나 '불변성 테스트'는 이러한 교육 평가의 공정성을 담보하기 위한 장치이다. AI는 문체의 화려함 속에 숨겨진 실질적 행동만을 골라냄으로써 인간의 편향을 최소화한다. 이는 가장 민주적인 평가를 실현하려는 교육공학의 성취라고 할 수 있다.

Q1. 특정 학교, 지역, 계층에 따라 유불리가 생기지 않나?

학교, 지역, 계층 정보는 점수 산출 알고리즘에서 완전히 배제되었으며, 사후 감사 및 보정 용도로만 모니터링됩니다.

- 소속 집단 내에서의 상대적 성취를 분석하여 학교 간 격차를 조정합니다.
- 학교 환경이나 교사의 기록 성향 차이로 인한 변동을 통계적으로 상쇄합니다.
- 고비용 외부 활동이나 인프라 의존도가 높은 활동이 점수를 독점하지 않도록 희소가치보다 개인의 투입과 성장에 더 높은 가중치를 부여합니다.
- 실시간으로 특정 집단에 점수가 쏠리는지 점검하고 즉각 보정합니다.

Q2. 생기부 내용이 많은 학생이 더 유리한 건 아닌가?

기록의 양과 점수는 비례하지 않습니다.

- 증거 개수가 일정 수준을 넘어서면 점수 상승 폭이 둔화되는 함수를 적용하여, 단순 나열식 기록의 유리함을 차단합니다.
- 문장의 길이나 수식어보다 '행동-역할-성과-증빙'이라는 4요소가 얼마나 밀도 있게 포함되었는지를 핵심 지표로 삼습니다.

- 유사한 활동의 반복 나열은 AI가 하나의 '대표 증거'로
  통합 처리하여 중복 가점을 방지합니다.

Q3. 표현력이 좋은 학생이 과대평가되지 않나?

AI는 화려한 수식어나 주관적 형용사를 제거한 뒤, 그 안
에 담긴 '객관적 사실'만을 추출합니다.

- '목표 → 과정 → 결과 → 성찰'의 논리적 구조가 명확히
  드러난 기록을 높게 평가합니다.
- 같은 활동 내용을 '평이한 문체'와 '화려한 문체'로 입력
  했을 때, 동일한 점수가 나오는지 정기적으로 시뮬레이
  션하여 문체에 의한 왜곡을 차단합니다.
- 교사마다 다른 서술 방식(Style)을 AI가 정규화하여 기
  록 주체의 차이를 최소화합니다.

Q4. AI 학습 데이터에 편향이 있으면 결과도 편향되지 않나?

알고리즘 자체에 편향을 스스로 교정하는 '적대적 디바이
어싱' 기술을 적용합니다.

- 학습에 사용된 데이터의 분포를 공개하여 검증 가능성
  을 확보합니다.
- 지역, 학교 종류에 상관없이 평가 척도가 동일하게 작동
  하는지 수학적으로 검증합니다.

- AI 결과에 수긍하기 어려운 경우, 인간 전문가가 다시 검토하는 프로세스를 통해 기술적 오류나 편향 가능성을 최종적으로 통제합니다.

법적, 윤리적 문제 관련

2018년 유럽에서 발효된 GDPR(일반 데이터 보호 규칙)은 중요한 영향을 미치는 자동화된 결정에 대해 인간의 개입을 요구할 권리를 명문화했다. 이는 알고리즘이 인간의 삶을 전적으로 통제하게 두지 않겠다는 '인간의 최종 결정권'을 선언한 역사적 사건이다.

CREDECA 시스템은 이러한 법철학을 계승하여 AI의 기술적 합리성과 인간의 윤리적 검토를 결합했다. AI는 어디까지나 방대한 데이터를 분석하는 도구이며, 최종적인 이의제기 및 재심 절차에는 반드시 전문가(인간)가 개입하여 기술이 놓칠 수 있는 맥락까지 책임지도록 설계된 것이다.

Q1. 생기부 데이터를 AI에 활용하는 것이 법에 어긋나지 않나?

「개인정보보호법」 및 관련 교육 법령에 따라, 고지된 입시 평가 목적 내에서의 데이터 활용은 정당한 권한에 해당합니다. CREDECA는 이와 관련하여 다음과 같은 4대 보안 원칙을 엄격히 준수합니다.

- 수집된 데이터는 오직 입시 평가 및 역량 분석이라는 목적을 위해서만 사용되며 다른 목적으로 전용되지 않습니다.
- 통계적 연구 및 AI 학습에 활용할 경우, 이름·학교명 등 개인을 식별할 수 있는 정보를 삭제하는 「가명정보 처리 가이드라인」을 엄격히 적용합니다.
- 데이터의 처리 주체, 보유 기간, 보호 수준을 사전에 공고하여 학생과 학부모의 알 권리를 보장합니다.
- 외부 유출을 차단하기 위한 암호화 전송 및 보안 서버 구축으로 데이터의 물리적 안전을 확보합니다.

Q2. 대학 입시에 AI 점수를 반영하는 것이 법적으로 허용되는가?

현행법상 AI 점수를 입시 전형 요소로 활용하는 것을 금지하는 규정은 없습니다.

사전 공지의 원칙 대학은 전형 요소와 반영 방법, AI의 역할 비중을 대입전형 시행계획 등을 통해 미리 수험생에게 공개해야 합니다.

심의 기구 운영 대학 내 설치된 '전형관리 위원회' 혹은 '공정관리 위원회'의 심의를 거쳐 AI 평가의 적정성을 검증받음으로써 법적·윤리적 정당성을 확보합니다.

Q3. AI의 평가 결과에 대해 이의제기나 재심 절차는 가능한가?

수험생의 권리 보호를 위해 행정 절차법에 준하는 표준화된 이의제기 프로세스를 운영합니다.

보고서 열람 권한 자신의 역량 점수가 어떻게 산출되었는지 담긴 개인 보고서를 확인합니다.

다단계 재검토 이의신청 시 해당 데이터를 AI가 아닌 인간 입학사정관이나 다른 전문 심사자가 다시 정밀 평가합니다.

최종 위원회 결정 재평가 결과에 이견이 있을 경우 전문가 위원회의 심의를 거쳐 최종 결과를 통지함으로써 구제 절차의 실효성을 높입니다.

평가 결과 활용 방식

CREDECA 시스템이 지향하는 ACS 100% 반영과 입학 후 데이터 환류는 입시 단계에서 확인된 역량 데이터가 대학 교육과정으로 이어져 개별 맞춤형 교육의 기초 자료가 된다.

Q1. AI 점수가 대학 입시에서 차지하는 비율은 얼마인가?

최종적으로는 10대 역량을 통합한 AI 핵심 점수(ACS: AI Core Score)가 단일 선발 기준이 되는 것을 지향합니다. 다만, 교육 현장의 수용성과 법적 정비 속도에 맞춰 다음과 같이 단계적으로 반영 비율을 높여 나갑니다.

도입기 기존 평가 방식과 병행하며 AI 점수 60% 반영

정착기 데이터 신뢰도 검증 후 AI 점수 80~90%로 확대

최종 단계 AI 점수 100% 선발(완전 역량 중심 전형)

자격 필터링 졸업 여부나 필수 교과 이수 등은 점수에 합산하지 않고, 지원 자격의 유무만을 판단하는 '성공/실패 컷오프' 기준으로 활용하여 역량 중심 평가의 본질을 유지합니다.

Q₂. AI 평가와 기존 전형 결과가 충돌하면 어떻게 처리하는가?

입력된 생활기록부 데이터의 품질이나 AI 알고리즘의 편향 발생 여부를 최우선 확인합니다.

- 블라인드 상태에서 인간 심사자가 해당 학생의 기록을 재검토하여 AI가 놓친 맥락이나 과대평가된 요소를 확인합니다.
- 데이터 무결성 확인 → ACS 점수 적용 → 결격 사유 검토 → 동점자 처리 규칙(Tie-breaker) 순으로 엄격하게 적용합니다.
- 만약 AI의 데이터 신뢰도 점수가 낮게 측정될 경우, 즉시 해당 학생에 한해 AI 영향도를 낮추고 인간 사정관의

정성 평가 비중을 높여 재산정합니다.

Q3. **AI 평가 결과를 입학 후에도 활용하는가?**

선발을 위한 '평가 모델'과 입학 후 성장을 돕는 '지원 모델'은 엄격히 분리 운영됩니다.

- 입학 후 활용은 반드시 학생 본인의 명시적 동의가 있을 때만 가능합니다.
- 입시 데이터에 나타난 학생의 강점을 기반으로 전공 맞춤형 멘토링, 부족한 역량 보완 프로그램, 장학금 추천 등 오직 학생의 성장을 돕는 용도로만 활용합니다.
- 입학 시의 점수를 학점 부여, 징계, 차별적 대우 등 학생에게 불이익을 주는 근거로 사용하는 것을 기술적·제도적으로 차단하며, 데이터 윤리위원회가 이를 정기적으로 감시합니다.

CREDECA AI 대 일반 LLM 비교 분석

일반적인 LLM(대규모 언어 모델)*은 텍스트의 복잡한 문맥을 이해하고 분석하는 데 탁월하지만, 입시와 같은 고도의 공정성과

---

* LLM(대규모 언어 모델)은 텍스트의 이해와 분석을 중심으로 하는 고급 AI 기술로, 자연어의 복잡성을 이해할 수 있어 기존의 기계 학습 알고리즘보다 더 정확하다.

법적 책임이 요구되는 영역에서는 한계가 명확합니다. CREDECA
는 이러한 한계를 극복하기 위해 표준화, 교정, 설명 가능성, 공
식성을 갖춘 혁신 모델로 설계되었습니다.

구분	CREDECA AI 평가 시스템	일반 LLM (단순 활용)
목적	대학 입시용 전문 평가 플랫폼	개인 참고용 조언자 역할에 국한
기준	표준화된 10대 역량 루브릭 사용	평가 기준의 일관성 및 객관성 부족
공정성	편향 교정 장치 및 혼합모형 보정 내장	데이터 자체의 편향성 문제를 스스로 해결 불가
책임	설명 및 감사 가능성 보장, 법적·제도적 공인	결과에 대한 책임 소재 및 감사 절차 미흡

CREDECA AI 데이터 신뢰성 및 공정성 확보 방안

서술형 기록은 학생의 개성을 살리는 도구였으나, 동시에 글을
잘 써주는 교사나 기록이 풍부한 학교라는 외부 요인에 의해 좌
우되는 경향이 있었다.

CREDECA AI 시스템은 Z-score 정규화와 서술 구조 분석이
라는 현대 데이터 과학 기법을 도입함으로써 '정성적 기록의 정
량적 객관화'라는 과제를 해결하려 시도한다. AI는 단순히 글의
길이나 화려한 표현에 매몰되지 않고, 데이터 내에 숨겨진 실질
적 활동의 증거를 찾아내어 평가의 신뢰성을 극대화한다.

1) 기술적 공정성 메커니즘

교육부 생기부 작성 지침과 역량별 키워드 사전을 기반으로 문장과 맥락, 활동의 구체성을 정량 분석하여 기록의 형식적 차이를 극복합니다.

다차원 데이터 활용 교과 세특, 창체, 봉사, 수상 경력 등 생기부 전 영역을 교차 분석하여 단일 기록에 의한 왜곡(과소/과대평가)을 방지하고 항목 간 상호 보완성을 높입니다.

교사 주관 편향 교정 NLP(자연어 처리) 필터를 통해 '매우 우수함'과 같은 주관적 수식어는 중립화하고, 간결하더라도 구체적인 행동 근거가 명확한 경우 가점을 부여합니다.

작성 스타일 및 환경 보정 학교별 기록 분포를 분석하여 정규화(Z-score) 처리를 적용함으로써 학교나 교사 간 기록 스타일 편차를 통계적으로 보정합니다.

2) 평가의 질적 심화

길이 의존성 제거 기록 분량이 많다고 점수가 올라가지 않도록 설계되었습니다. 50자 안팎의 짧은 기록이라도 핵심역량과 근거가 명확하면 고득점이 가능하도록 내용의 밀도를 우선합니다.

활동 질 중심 평가 단순 나열형 서술 대신 '목표 → 과정 → 결과 → 성찰'의 구조가 논리적으로 드러난 기록을 서술 구조 분석을 통해 높게 평가합니다.

AI 알고리즘 – 지표별 핵심 피처 및 추출 사례

AI는 학생부 텍스트에서 단순한 키워드가 아니라 역량의 핵심을 구성하는 '피처(Feature)'와 이를 뒷받침하는 '행동 증거'를 연결하여 점수를 산출한다.

| 지표별 핵심 피처와 행동 증거 예시 |

역량 지표	핵심 피처(AI가 찾는 데이터)	행동 증거 사례(추출 문장 예시)
창의력	주제 신규성(토픽), 해결 아이디어 다양성, 산출물 독창성	"기존 방법을 변형하여…", "새 알고리즘 제안…", 전시·발표·특허 내역
문제발견·해결	문제정의 명료도, 가설→실험→검증 서술, 개선 반복 횟수	"원인 분석 후…", "2차 개선으로 정확도 +15%"
협업 능력	팀 역할 다양성(리더/서기/기획 등), 상호 피드백 흔적, 팀 기여도	"팀 내 갈등 조정…", "파트 간 인터페이스 조율"
표현력	글의 구조성(서론-본론-결론), 논증 연결어 사용, 발표/보고 빈도	"발표를 통해…", "청중 질문에 근거 제시"
융합능력 (STEAM)	교과 간 개념 연결의 수·질, 도구/기법의 융합	"생물 데이터를 파이썬으로 분석"
논리적 사고	전제-근거-반례 구조, 대안 탐색, 오류 수정	"한계 인식 후 방법을 교체"

자기주도성	장기 지속성(≥2학기), 목표-계획-회고 루프, 착수율	"자발적으로 프로젝트 제안·운영"
디지털 리터러시	도구/언어/플랫폼 다양성, 데이터·보안 윤리 언급	"Git/파이썬 활용", "저작권 준수"
소통능력	청자 고려 표현, 갈등 완화, 외국어 발표/교류	"MUN 참가", "멘토링으로 후배 지도"
도전정신	실패-재도전 시퀀스, 난이도 상승 과제 수행, 목표 달성률	"첫 대회 탈락 → 재도전 입상"

AI 공정성 및 편향성 극복 장치 – 설명 가능성과 인간의 개입

CREDECA의 ACS는 평가의 결과뿐만 아니라 그 과정의 정당성을 증명하는 데 초점을 맞춘다. 이는 누구나 납득할 수 있는 '설명 가능한 AI' 체계를 구축한 것이다.

1) 설명 가능한 평가

기존의 수능 점수가 숫자에 그쳤다면, ACS는 점수가 도출된 구체적인 과정과 생기부 내의 근거를 투명하게 공개합니다. 학생과 학부모는 "협업 역량이 낮게 평가된 이유는 팀 내 기여도 지표와 피드백 수용 지표의 부족 때문"과 같은 데이터 기반의 상세 설명을 제공받습니다. 이와 같은 데이터 기반 소통은 결과만 통보받던 기존의 방식에서 포트폴리오와 프로젝트 진행 과정 전반을 분석한 객관적 지표를 통해 평가의 신뢰도를 높입니다.

2) 하이브리드 공정성 감시 체계

AI 알고리즘 내부의 잠재적 편향성을 실시간으로 감시하는 독립된 오딧 시스템을 가동하고, 기술의 독단을 막기 위해 인간 전문가가 정기적으로 AI의 평가 기준을 재검토하고 윤리적 적정성을 심의합니다. 또한 특정 배경(지역, 학교 등)에 불리하게 작용하는 요소가 발견될 경우, 인간의 개입을 통해 알고리즘을 즉시 수정하고 가중치를 조정합니다.

CREDECA 국가 표준화를 위한 3대 논리

1) 교육적 타당성

OECD의 '교육 2030' 프로젝트와 유네스코 등 국제기구는 지식의 보유보다 지식을 활용하는 '역량'을 교육의 중심으로 재정의했습니다. CREDECA는 수능 특유의 단편적 지식 암기에서 벗어나 창의력, 협력, 융합, 도전정신 등 미래 인재의 핵심역량을 평가합니다. 이는 글로벌 교육 표준과 일치하며, 교실을 문제풀이 훈련장에서 미래 역량의 실험실로 되돌리는 유일한 길입니다.

2) 측정학적 정당성

현재 정성 평가는 평가자의 주관과 편향이라는 문제가 컸습니다. 이를 극복하기 위해 CREDECA는 인공지능의 일관성과 정교한 통계 모델을 결합했습니다. 수천 개의 생활기록부 문항과 다년간의 누적 데이터를 학습한 AI는 인간의 주관을 배제합니다. 특히 IRT(문항반응이론)와 Rasch 모형 등 고도의 교육통계 기법을 AI 알고리즘에 결합하여 수능과 동등하거나 그 이상의 측정 신뢰도와 타당성을 확보했습니다. 이는 기록의 '화려함'보다는 '역량의 실체'를 정밀하게 측정하는 과학적 장치입니다.

3) 사회적 공정성 및 거버넌스

교육적 부담 및 격차 해소   단 한 번의 시험(수능)이 주는 과도한 압박을 12년의 일상적 성장 기록으로 분산합니다. 또한, 편향 교정 알고리즘을 통해 지역이나 계층 간의 환경적 차이를 표준화, 정규화하여 교육 격차를 실질적으로 상쇄합니다.

투명성과 책임성   AI의 판단 근거를 상세히 공개하는 설명 보고서와 인간 전문가가 개입하는 재심 절차를 통해 평가의 밀실 논란을 원천 차단하여 투명성을 보장합니다.

제도적 안착   최종적으로 본 지표는 교육부 및 대교협 법령에 반영되어야 합니다. 한국교육과정평가원(KICE) 수준의 국가 단위 센터에서 통합 운영됨으로써, 입시와 채용의 신뢰를 담보하는 국가 공인 역량 평가 체계로 완성됩니다.

입시는 교육의 끝이 아니라 새로운 시작이어야 합니다. 입시가 교육의 끝이나 학생을 걸러내는 필터가 되어서는 안 됩니다. 입시 과정에서 축적된 CREDECA 역량 데이터는 대학 입학 후에도 단절되지 않고 학습 생애 궤적으로써 작동하게 됩니다. 대학은 입학 전 데이터를 바탕으로 학생의 강점을 극대화할 전공 심화 과정을 설계합니다. 데이터에 기반한 정교한 진로 가이드는 학생이 자신만의 고유한 커리어를 설계하는 데 중요한 성장 엔진으로 작동할 것입니다.

이제는 국가적 차원의 결단이 필요한 때입니다. 한국교육과정평가원(KICE) 등 공신력 있는 기관이 주도하여, 지역과 학교에 관계없이 공정하게 적용되는 '국가 표준 AI 역량 평가지표'를 확립해야 합니다. 그런 다음 AI 역량 평가의 법적 근거를 마련하고, 생활기록부 기재 방식부터 대입 반영 비율까지 단계적 로드맵을 통해 학교 현장에 안착시켜야 합니다.

기술적 정교함(ACS)-학생 개별 역량에 최적화된 평가, AI의 분석과 교사의 최종 검토가 조화를 이루는 시스템, 정권의 변화와 관계없이 데이터로 증명되는 일관된 교육 가치-과 교육적 인본주의를 결합한 CREDECA 시스템은 2026년 현재, 정부의 '디지털 기반 교육 혁신' 로드맵과 궤를 같이하면서도, '평가 체계의 전면적 전환'이라는 더 근본적인 해답을 제시합니다. 최근 한국교육과정평가원이 공개한 데이터 포털과 CREDECA의 역량 분석 기술이 결합한다면, 대한민국은 세계 최초로 '전 생애 역량 관리 시스템'을 보유한 교육 선도국으로 도약하게 될 것입니다.

CREDECA 역량 교육
_수능의 종식과 AI 미래 교육의 시작

1판 1쇄 2026년 2월 10일

지은이 황욱
펴낸이 주정관
편집주간 이지안
디자인 육수정
경영지원 김은경

펴낸곳 북스토리㈜
등록 제22-1610호 (1999. 8. 18.)
주소 서울특별시 영등포구 양산로91 리드원센터 1303호
전화 02-332-5281
팩스 02-332-5283
홈페이지 www.ebookstory.co.kr
이메일 bookstory@naver.com

ISBN 979-11-5564-430-0 03300